Das neue
Meditationshandbuch

Auch von Geshe Kelsang Gyatso

Allumfassendes Mitgefühl
Einführung in den Buddhismus
Herzjuwel
Acht Schritte zum Glück
Den Geist verstehen
Freudvoller Weg des Glücks
Sinnvoll zu betrachten
Verwandle Dein Leben
Das klare Licht der Glückseligkeit
Führer ins Dakiniland
Wie wir unsere Probleme lösen
Mahamudra Tantra
Moderner Buddhismus
Das neue Herz der Weisheit

Der vom Tharpa Verlag erzielte Erlös aus dem
Verkauf dieses Buches fließt gemäß den Richtlinien in
Ein Geldhandbuch in den
NKT-Internationalen Tempelprojekt Fond.
(Reg. Charity Nummer 1015054 England)
Ein buddhistischer Verein, der für den Weltfrieden baut
www.kadampa.org/de/temples

Geshe Kelsang Gyatso

Das neue Meditationshandbuch

Meditationen für ein glückliches und sinnvolles Leben

THARPA VERLAG
Deutschland Schweiz

1. Auflage *Das Meditationshandbuch* 1995
2. überarbeitete Auflage 2002
3. Auflage *Das neue Meditationshandbuch* 2005
4. überarbeitete Auflage 2013
Originaltitel: *The New Meditation Handbook*

© 2005 Deutsche Übersetzung
Geshe Kelsang Gyatso und
Neue Kadampa Tradition – Internationale Union des Kadampa Buddhismus

Alle Rechte vorbehalten. Das Werk einschließlich aller seiner Teile ist urheberrechtlich geschützt. Jede Reproduktion ist unzulässig, außer zur Verwendung kurzer Passagen für privates Studium, Forschung und Buchbesprechungen.

Herausgeber:
Tharpa Verlag Berlin und Zürich
Das Bild auf dem Umschlag ist Buddha Shakyamuni.
Die Federzeichnungen beinhalten sowohl Bilder aus dem Rad des Lebens als auch die acht glückverheißenden Symbole.

Satz: Tharpa Verlag

ISBN 3-908543-60-2 Taschenbuch

Druck: Elbe Druckerei, Wittenberg

Inhalt

Vorwort	vii

TEIL EINS – Grundlagen

Einleitung	3
Was ist Meditation?	7
Der Nutzen der Meditation	9
Wie man mit der Meditation beginnt	11
Für die Meditation erforderliches Hintergrundwissen	14
Wie man meditiert	21

TEIL ZWEI – Die einundzwanzig Meditationen

Die anfängliche Ausrichtung

1. Unser kostbares menschliches Leben	32
2. Tod und Unbeständigkeit	35
3. Die Gefahren niederer Wiedergeburt	39
4. Die Praxis der Zuflucht	42
5. Handlungen und ihre Auswirkungen	44

Die mittlere Ausrichtung

6. Entsagung für Samsara entwickeln	50

Die Grosse Ausrichtung

7. Gleichmut entwickeln	72

8. Erkennen, dass alle Lebewesen unsere Mütter sind	76
9. Sich an die Güte der Lebewesen erinnern	79
10. Gleichstellen vom Selbst und anderen	84
11. Die Nachteile der Selbstwertschätzung	87
12. Die Vorteile, andere zu schätzen	92
13. Austauschen vom Selbst mit anderen	95
14. Großes Mitgefühl	97
15. Nehmen	101
16. Wünschende Liebe	103
17. Geben	105
18. Bodhichitta	107
19. Ruhiges Verweilen	111
20. Höheres Sehen	115
21. Sich auf einen spirituellen Meister verlassen	122
Schlussfolgerung	126
Anhang I – *Befreiendes Gebet und Gebete für die Meditation*	127
Anhang II – Ein Kommentar zu den vorbereitenden Übungen	137
Anhang III – Eine besondere Atemmeditation	151
Anhang IV – Empfohlener Retreatplan	161
Anhang V – Die Verpflichtungen der Zuflucht	167
Anhang VI – Eine traditionelle Meditation über Leerheit	177
Anhang VII – *Die Kadampa Lebensweise*	191
Glossar	205
Bibliografie	221
Studienprogramme des Kadampa Buddhismus	227
Tharpa Niederlassungen weltweit	233

Vorwort

Buddha, der Gründer des Buddhismus, erschien 624 v. Chr. in dieser Welt. So wie ein Arzt Menschen mit unterschiedlichen Krankheiten verschiedene Medikamente verschreibt, so gab Buddha Menschen mit unterschiedlichen Problemen und Fähigkeiten verschiedene Unterweisungen. Er lehrte insgesamt 84.000 verschiedene Arten von Unterweisungen oder Dharma. Eine seiner wichtigsten Lehren ist das *Sutra der Vollkommenheit der Weisheit*. Es umfasst auf Tibetisch zwölf aus dem Sanskrit übersetzte Bände. Um uns verständlich zu machen, wie man diese Lehren in den Alltag integriert, schrieb der buddhistische Meister Atisha *Eine Lampe für den Pfad zur Erleuchtung*, auch die *Stufen des Pfades* genannt oder *Lamrim* auf Tibetisch. Obwohl dieser Text sehr kurz ist, enthält er die gesamte Bedeutung des *Sutras der Vollkommenheit der Weisheit*.

Später schrieb der tibetische buddhistische Meister Je Tsongkhapa ausführliche, mittlere und zusammengefasste Kommentare zu Atishas Lamrim Unterweisungen. Ich habe dieses neue Meditationshandbuch auf der Grundlage von Je

Tsongkhapas Kommentaren verfasst. Es soll den Menschen der modernen Welt helfen, den kostbaren, heiligen Dharma des «Kadam Lamrim» zu verstehen und zu praktizieren. Teil Eins erläutert die Grundlagen des Pfades zur Erleuchtung. Teil Zwei stellt den eigentlichen Pfad zur Erleuchtung dar. Ausführliche Erklärungen sind in *Moderner Buddhismus*, *Verwandle dein Leben* und *Freudvoller Weg des Glücks* enthalten.

Wenn Sie dieses Buch aufrichtig mit einer guten Motivation, frei von negativen Sichtweisen lesen, dann wird es Ihnen für Ihr alltägliches Wohlergehen von großem Nutzen sein. Das verspreche ich Ihnen.

Geshe Kelsang Gyatso,
USA
März 2003

TEIL EINS

Grundlagen

Folge dem Pfad zur Erleuchtung

GRUNDLAGEN

EINLEITUNG

Das neue Meditationshandbuch ist ein praktischer Leitfaden für die Meditation. Es zeigt uns, wie wir uns selbst und andere glücklich machen. Obwohl es unser Wunsch ist immer glücklich zu sein, wissen wir nicht wie uns das gelingen kann. Deshalb zerstören wir gewöhnlich unser Glück, indem wir Wut und andere Verblendungen entwickeln. Der buddhistische Meister Shantideva sagt:

> . . . obwohl sie sich Glück wünschen,
> Zerstören sie es aus Unwissenheit wie einen Feind.

Wir glauben normalerweise, dass das Verbessern äußerer Umstände uns wirklich glücklich machen wird. In diesem Glauben haben viele Länder erstaunlichen materiellen Fortschritt angestrebt und auch erreicht. Wir müssen jedoch feststellen, dass uns dies nicht wirklich glücklicher gemacht oder unsere Probleme vermindert hat. Im Gegenteil, es entstehen immer mehr Probleme, Leiden und Gefahren. Wir haben unsere Umwelt, Wasser und Luft verschmutzt. Dies schadet unserer Gesundheit und immer mehr Krankheiten breiten sich in der Welt aus. Unser Leben heute ist komplizierter, wir werden immer unglücklicher und unsere Sorgen nehmen zu. Gegenwärtig gibt es mehr Probleme und größere Gefahren als je zuvor. Das zeigt deutlich, dass es zum Glücklichsein nicht reicht, nur die äußeren Bedingungen zu verbessern. Natürlich brauchen wir, weil wir Menschen sind, die notwendigen menschlichen Lebensgrundlagen. Doch äußere Umstände können uns nur glücklich machen, wenn unser

Geist friedvoll ist. Ist unser Geist nicht friedvoll, werden wir niemals glücklich sein, selbst wenn die äußeren Umstände perfekt sind. Stellen wir uns vor, wir sind auf einem Fest mit Freunden und vergnügen uns. Sollten wir aus irgendeinem Grund wütend werden, verschwindet unsere gute Laune im gleichen Augenblick. Das ist so, weil die Wut unseren inneren oder geistigen Frieden zerstört hat.

Ohne inneren Frieden gibt es gar kein wirkliches Glück. Je besser wir unseren Geist zähmen, desto größer ist unser innerer Frieden und umso glücklicher sind wir. Deshalb ist die Kontrolle unseres eigenen Geistes die einzige Methode, um uns glücklich zu machen. Bändigen wir unseren Geist – vor allem unsere Wut, unsere Anhaftung und ganz besonders unser Festhalten am Selbst –, dann werden alle unsere Probleme verschwinden. Wir werden tiefen inneren Frieden erfahren und immerwährend glücklich sein. Probleme, Leiden und Unglück existieren nicht außerhalb des Geistes; es sind Gefühle und darum sind sie Teil des Geistes. Deshalb können wir nur durch die Beherrschung unseres Geistes unsere Probleme für immer beenden und uns selbst und andere wirklich glücklich machen.

Die Meditationsübungen, die in diesem Buch vorgestellt werden, sind allesamt Methoden unseren Geist zu kontrollieren. Wir alle haben unterschiedliche Wünsche und Fähigkeiten, deshalb gibt es viele verschiedene Ebenen der Meditationspraxis. Zu Beginn wählen wir die Ebene, die uns am meisten anspricht. Wenn unser Verständnis sich schrittweise verbessert und unsere Vertrautheit allmählich zunimmt, schreiten wir zu den höheren Ebenen fort. Widmen wir uns beständig mit Freude und Geduld diesen

Meditationen, dann verwirklichen wir das endgültige Ziel eines Menschenlebens.

Was ist das endgültige Ziel eines Lebens als Mensch? Welche Dinge sind unserem Gefühl nach wirklich wichtig für unser Glück? Einen schöneren Körper zu haben oder viel Geld und einen guten Ruf oder Ruhm und Macht oder Spannung und Abenteuer? Vielleicht glauben wir, dass wir wirklich glücklich wären, wenn wir einfach von allem das Richtige hätten: den richtigen Ort zum Leben, den richtigen Besitz, die richtige Arbeit, die richtigen Freunde, den richtigen Partner. Folglich versuchen wir mit großem Aufwand an Zeit und Energie die Welt so umzugestalten, dass wir all dies erreichen. Manchmal gelingt es uns sogar, aber immer nur bis zu einem gewissen Grad und nur für kurze Zeit. Selbst wenn wir erfolgreich sind und die scheinbar vollkommenen äußeren Bedingungen haben, gibt es doch immer Nachteile. Sie können uns niemals das vollkommene immerwährende Glück geben, nach dem wir uns alle sehnen. Sehen wir den Sinn unseres Lebens allein darin, Glück in äußeren Umständen zu suchen, dann wird uns das letztendlich täuschen. Denn zum Zeitpunkt unseres Todes kann uns nichts von alledem helfen. Alle weltlichen Errungenschaften sind in sich hohl – sie sind nicht die wahre Essenz des menschlichen Lebens.

Es wird gesagt, dass es in alter Zeit, als die Menschen Verdienste im Überfluss hatten, wunscherfüllende Juwelen gab, die die Kraft besaßen Wünsche zu erfüllen. Doch selbst jene kostbarsten weltlichen Besitztümer konnten nur die Wünsche nach verunreinigtem Glück befriedigen. Reines Glück, das einem reinen Geist entspringt, konnten sie nicht schenken. Zudem wirkte ihre Kraft nur bei der Erfüllung der Wünsche dieses Lebens. In zukünftigen Leben konnten sie ihre Besitzer nicht beschützen. So waren auch sie letztendlich täuschend.

Nur die Erlangung der vollen Erleuchtung wird uns niemals täuschen. Was ist Erleuchtung? Sie ist die allwissende Weisheit, frei von allen fehlerhaften Erscheinungen. Eine Person, die im Besitz dieser Weisheit ist, ist ein erleuchtetes Wesen, ein «Buddha». Alle Wesen, die keine Buddhas sind, haben zu jeder Zeit fehlerhafte Erscheinungen, Tag und Nacht, selbst im Schlaf.

Alles, was uns erscheint, nehmen wir wahr, als ob es von sich aus existieren würde. Das ist fehlerhafte Erscheinung. Wir nehmen ein «Ich» und «Mein» wahr, als würden sie von sich aus existieren. Unser Geist hält stark an dieser Erscheinung fest und glaubt, dass sie wahr ist. Dies ist der Geist der Unwissenheit des Festhaltens am Selbst. Auf dieser Grundlage handeln wir unangemessen und das führt dazu, dass wir Leiden erfahren. Das ist die hauptsächliche Ursache für unser Leiden. Erleuchtete Wesen sind vollkommen frei von fehlerhaften Erscheinungen und den Leiden, die sie hervorbringen.

Nur die Erlangung der Erleuchtung kann unseren tiefsten Wunsch nach reinem und anhaltendem Glück erfüllen. In dieser unreinen Welt hat sonst nichts die Kraft, diesen Wunsch zu stillen. Nur als voll erleuchteter Buddha erfahren wir den tiefen und immerwährenden Frieden, der aus einer dauerhaften Beendigung aller Verblendungen und ihrer Prägungen entsteht. Wir werden frei von allen Fehlern und geistigen Verdunkelungen sein und über die notwendigen Eigenschaften verfügen, allen Lebewesen unmittelbar zu helfen. Dann werden wir eine Zuflucht für alle Lebewesen sein.

Mit diesem Verständnis können wir deutlich erkennen, dass die Erlangung der Erleuchtung das endgültige Ziel und der wahre Sinn unseres kostbaren Menschenlebens ist. Es ist unser Herzenswunsch, zu jeder Zeit glücklich zu sein und vollständig frei von allen Fehlern und Leiden. Deshalb entwickeln wir die feste Absicht Erleuchtung zu erlangen. Wir sollten denken: «Ich muss Erleuchtung erlangen, weil es nirgendwo in dieser unreinen Welt wahres Glück gibt.»

WAS IST MEDITATION?

Meditation ist ein Geist, der sich auf ein tugendhaftes Objekt konzentriert und die Hauptursache für geistigen Frieden ist. Die Meditationspraxis ist eine Methode, unseren Geist mit Tugend vertraut zu machen. Je vertrauter unser Geist mit Tugend ist, desto ruhiger und friedvoller wird er. Ist unser Geist friedvoll, dann sind wir frei von Sorgen und geistigem Unbehagen und erleben wahres Glück. Schulen wir unseren Geist darin friedvoll zu sein, sind wir immer glücklich, selbst unter den widrigsten Umständen. Ist unser Geist jedoch nicht friedvoll, dann sind wir selbst unter den angenehmsten äußeren Umständen nicht glücklich. Deshalb ist es so wichtig, unseren Geist in Meditation zu schulen.

Jedes Mal, wenn wir meditieren, ist diese Handlung die Ursache dafür, in Zukunft inneren Frieden zu erleben. Normalerweise erfahren wir Tag und Nacht Verblendungen, während unseres gesamten Lebens. Sie sind das Gegenteil von geistigem Frieden. Manchmal aber erleben wir ganz natürlich inneren Frieden. Das geschieht, weil wir uns in

Durchtrenne die Wurzel des Leidens

unseren früheren Leben auf Tugendhaftes konzentrierten. Ein tugendhaftes Objekt ist jedes Objekt, das uns hilft einen friedvollen Geist zu entwickeln, wenn wir uns darauf konzentrieren. Konzentrieren wir uns auf ein Objekt, durch das wir einen unfriedlichen Geist entwickeln, wie etwa Wut oder Anhaftung, dann weist uns dies darauf hin, dass es für uns ein nichttugendhaftes Objekt ist. Außerdem sind viele Objekte neutral, weder tugendhaft noch nichttugendhaft.

Es gibt zwei Arten der Meditation: analytische Meditation und verweilende Meditation. In der analytischen Meditation überdenken wir den Sinn einer spirituellen Anweisung, die wir gehört oder gelesen haben. Durch tiefes Nachdenken über diese Anleitungen gelangen wir schließlich zu einer eindeutigen Erkenntnis oder zu einem besonderen, tugendhaften Geisteszustand. Dies ist das Objekt der verweilenden Meditation. Wir konzentrieren uns so lange wie möglich eingerichtet auf diesen Entschluss oder tugendhaften Geisteszustand, um damit tief vertraut zu werden. Diese eingerichtete Konzentration ist verweilende Meditation. Oft wird analytische Meditation «Kontemplation» und verweilende Meditation einfach nur «Meditation» genannt. Die verweilende Meditation hängt von der analytischen Meditation ab und die analytische Meditation beruht auf dem Hören oder Lesen spiritueller Anleitungen.

DER NUTZEN DER MEDITATION

Sinn der Meditation ist es, unseren Geist ruhig und friedvoll zu machen. Wie bereits erwähnt, sind wir, wenn unser Geist friedvoll ist, frei von Sorgen und geistigem Unbehagen und erleben wahres Glück. Ist unser Geist aber nicht friedvoll, wird es uns schwerfallen glücklich zu sein, selbst wenn wir in den allerbesten Umständen leben. Schulen wir uns in Meditation, wird unser Geist allmählich friedvoller und wir erleben ein immer reineres Glück. Schließlich wird es uns gelingen zu jeder Zeit, selbst unter schwierigsten Umständen, glücklich zu sein.

Normalerweise fällt es uns schwer, unseren Geist zu beherrschen. Er ist wie ein Ballon im Wind, der durch äußere Umstände mal hierhin und mal dorthin geweht wird. Laufen die Dinge gut, ist unser Geist glücklich. Läuft es aber schlecht, dann wird er sofort unglücklich. Angenommen, wir bekommen was wir wollten, wir erwerben etwas Neues, finden eine neue Stelle oder einen neuen Partner: Sofort sind wir aufgeregt und klammern uns fest daran. Wir können aber nicht alles haben, was wir uns wünschen. Und wir werden uns unweigerlich von Freunden, Beruf oder Besitz, d.h. von allem, was uns jetzt erfreut, trennen müssen. Dann wird uns diese geistige Klebrigkeit oder Anhaftung nur Schmerz bereiten. Wenn wir andererseits nicht bekommen, was wir wollen oder verlieren, was wir mögen, dann fühlen wir uns niedergeschlagen oder werden ärgerlich. Sind wir beispielsweise gezwungen mit einem Kollegen zusammenzuarbeiten, den wir nicht mögen, dann sind wir wahrscheinlich gereizt oder fühlen uns bedrückt. Wir können nicht gut mit ihm zusammenarbeiten. Unsere Arbeit wird stressig und unproduktiv sein.

Diese Stimmungsschwankungen entstehen, weil wir zu stark in äußere Situationen verstrickt sind. Wir sind wie ein Kind, das eine Sandburg baut und sich riesig freut, wenn sie fertig ist. Wird sie aber von der hereinströmenden Flut zerstört, dann ist es enttäuscht. Durch Schulung in Meditation lassen wir einen inneren Raum und eine Klarheit entstehen, die es uns unter allen Umständen ermöglichen unseren Geist zu beherrschen. Allmählich entwickeln wir, anstelle des unausgewogenen Geistes, der zwischen den Extremen von freudiger Erregung und Niedergeschlagenheit schwankt, ein geistiges Gleichgewicht, einen ausgewogenen Geist, der immer glücklich ist.

Durch systematische Schulung in Meditation können wir schließlich die Verblendungen, die Ursachen all unserer Probleme und Leiden, beseitigen. Nur so werden wir dauerhaft inneren Frieden finden. Dann werden wir Tag und Nacht, Leben für Leben, nur Frieden und Glück erfahren.

Selbst wenn unsere Meditation zu Beginn nicht so gut läuft, geben wir nicht auf. Wir denken immer daran, dass wir allein, indem wir uns bemühen zu meditieren, das geistige Karma erschaffen in Zukunft inneren Frieden zu erfahren. Das Glück dieses Lebens und zukünftiger Leben hängt von der Erfahrung inneren Friedens ab und der hängt wiederum von der geistigen Handlung der Meditation ab. Und weil innerer Frieden die Quelle allen Glücks ist, verstehen wir nun, wie wichtig Meditation ist.

WIE MAN MIT DER MEDITATION BEGINNT

Auf der ersten Stufe der Meditation stoppen wir Ablenkungen und machen unseren Geist klarer und heller. Wir erreichen dies durch einfache Atemmeditation. Wir wählen einen ruhigen Ort und nehmen eine bequeme Haltung ein. Wir sitzen entweder in der traditionellen Haltung mit gekreuzten Beinen oder in jeder anderen angenehmen Haltung. Wenn wir wollen, können wir auch auf dem Stuhl sitzen. Das Wichtigste ist unseren Rücken gerade zu halten. Das verhindert, dass unser Geist träge oder schläfrig wird.

Wir sitzen mit beinahe geschlossenen Augen und richten unsere Aufmerksamkeit auf den Atem. Wir atmen ganz natürlich, ohne den Atem zu beeinflussen, am besten durch die Nase. Wir versuchen die Empfindung zu spüren, wie der Atem durch die Nasenflügel ein- und ausströmt. Diese Empfindung ist das Objekt unserer Meditation. Wir versuchen uns vollständig darauf zu konzentrieren, bis wir nichts anderes mehr wahrnehmen.

Zuerst wird unser Geist sehr beschäftigt sein und wir haben vielleicht sogar das Gefühl, dass die Meditation den Geist unruhiger macht. In Wirklichkeit jedoch wird uns nur bewusst, wie beschäftigt unser Geist tatsächlich ist. Die Versuchung wird groß sein, den unterschiedlichen Gedanken, sobald sie auftauchen, zu folgen. Wir sollten dem aber widerstehen und eingerichtet auf dem Gefühl des Atems verweilen. Stellen wir fest, dass unser Geist abwandert und unseren Gedanken folgt, dann kehren wir sogleich zum Atem zurück. Das wiederholen wir so oft es nötig ist, bis der Geist auf dem Atem verweilt.

Üben wir geduldig in dieser Weise, dann nehmen unsere ablenkenden Gedanken allmählich ab und wir erleben ein Gefühl von innerem Frieden und Entspannung. Unser Geist wird klar und weit, und wir fühlen uns erfrischt. Wenn das Meer stürmisch ist, wirbeln Ablagerungen hoch und das Wasser wird trüb. Lässt der Sturm nach, setzt sich der Schlamm allmählich ab und das Wasser wird wieder klar. In ähnlicher Weise wird unser Geist außergewöhnlich hell und klar, sobald sich die übliche ständige Flut ablenkender Gedanken durch Konzentration auf den Atem beruhigt. In diesem Zustand geistiger Ruhe verweilen wir eine Zeit lang.

Obwohl die Atemmeditation nur eine Vorstufe der Meditation ist, ist sie sehr kraftvoll. Durch diese Praxis erkennen wir, dass es allein durch die Zähmung des Geistes, völlig unabhängig von äußeren Bedingungen, möglich ist inneren Frieden und Zufriedenheit zu erfahren. Nimmt die Unruhe ablenkender Gedanken ab und kommt unser Geist zur Ruhe, dann entstehen in uns ganz natürlich tiefes Glück und Zufriedenheit. Dieser Zustand von Zufriedenheit und Wohlgefühl hilft uns, mit der Geschäftigkeit und den Schwierigkeiten des Alltags umzugehen. Ein großer Teil des Stresses und der Anspannung, die wir normalerweise erleben, kommt aus unserem Geist. Viele unserer Probleme, vor allem auch gesundheitliche, werden durch diesen Stress verursacht oder verstärkt. Bereits durch eine tägliche Atemmeditation von nur zehn oder fünfzehn Minuten können wir diesen Stress abbauen. Unser Geist wird ruhig und weit und viele unserer gewöhnlichen Probleme werden einfach wegfallen. Wir gehen leichter mit schwierigen Situationen um. Und unsere Beziehungen zu anderen werden sich schrittweise verbessern, weil wir in einer ganz natürlichen Weise warmherziger und wohlwollender werden.

Wir schulen uns in dieser vorbereitenden Meditation so lange, bis unsere groben Verblendungen schwächer geworden sind. Danach schulen wir uns in den 21 Meditationen, die in *Das neue Meditationshandbuch* erläutert sind. Wir beginnen diese Meditationen, indem wir den Geist mit Atemmeditation besänftigen, so wie es erklärt wurde. Dann wenden wir uns, mit Hilfe der Anleitungen für die jeweilige Meditation, den Stufen der analytischen und verweilenden Meditation zu.

FÜR DIE MEDITATION ERFORDERLICHES HINTERGRUNDWISSEN

Die Meditationen dieses Buches setzen voraus, dass wir an Wiedergeburt oder Reinkarnation und Karma oder Handlungen glauben. Deshalb ist eine kurze Erläuterung über den Vorgang Tod und Wiedergeburt und über die Bereiche, in denen wir wiedergeboren werden können, sicher hilfreich.

Der Geist ist weder körperlich, noch ist er ein Nebenprodukt körperlicher Prozesse. Er ist ein formloses Kontinuum, eine vom Körper getrennte Wesenheit. Wenn der Körper zum Zeitpunkt des Todes zerfällt, hört der Geist nicht auf zu existieren. Unser oberflächlicher, bewusster Geist vergeht zwar, aber nur, weil er sich in eine tiefere Bewusstseinsebene, in den sehr subtilen Geist, auflöst. Das Kontinuum des sehr subtilen Geistes ist ohne Anfang und ohne Ende. Es ist dieser Geist, der sich, wenn er vollständig gereinigt ist, in den allwissenden Geist eines Buddhas umwandelt.

Jede Handlung, die wir ausführen, hinterlässt eine Prägung in unserem sehr subtilen Geist. Jede dieser Prägungen führt früher oder später zu entsprechenden Auswirkungen. Unser Geist ist wie ein Feld und unsere Handlungen sind wie Samen, die wir in dieses Feld säen. Tugendhafte Handlungen setzen Samen zukünftigen Glücks. Nichttugendhafte

Handlungen setzen Samen zukünftigen Leidens. Die Samen, die wir in der Vergangenheit gesät haben, ruhen, bis die für die Keimung notwendigen Bedingungen da sind. Dies kann manchmal erst viele Leben nach der ursprünglichen Handlung eintreten.

Sehr wichtig sind die Samen, die zum Zeitpunkt unseres Todes reifen. Sie bestimmen die Art unserer nächsten Wiedergeburt, die wir annehmen. Welcher Samen genau im Moment des Todes heranreift, hängt von dem Geisteszustand ab, in dem wir sterben. Sterben wir mit einem friedlichen Geist, wird ein tugendhafter Samen angeregt und wir werden eine glückliche Wiedergeburt annehmen. Sterben wir jedoch mit einem unfriedlichen Geist, zum Beispiel in einem Zustand der Wut, so wird ein nichttugendhafter Samen angeregt und wir werden eine unglückliche Wiedergeburt erlangen. Dies ist vergleichbar mit Albträumen, die durch einen unruhigen Geist kurz vor dem Einschlafen ausgelöst werden.

Diese Analogie ist nicht zufällig gewählt, denn der Vorgang von Schlafen, Träumen und Aufwachen gleicht dem Vorgang von Tod, Zwischenzustand und Wiedergeburt. Wenn wir einschlafen, sammeln sich unsere groben inneren Winde und lösen sich nach innen auf. Unser Geist wird zunehmend subtiler, bis er sich in den sehr subtilen Geist des klaren Lichts des Schlafes umwandelt. Wenn sich das klare Licht des Schlafes manifestiert, befinden wir uns im Tiefschlaf und mögen anderen wie tot erscheinen. Endet das klare Licht, dann wird unser Geist zunehmend gröber und wir durchlaufen die verschiedenen Ebenen des Traumzustandes. Schließlich erlangen wir wieder unser normales Erinnerungsvermögen, sowie die Fähigkeit der geistigen Kontrolle und wachen auf. Zu dieser

Zeit verschwindet die Traumwelt und wir nehmen die Welt des Wachzustandes wahr.

Zum Zeitpunkt unseres Todes geschieht etwas sehr Ähnliches. Wenn wir sterben, lösen sich unsere Winde nach innen auf. Unser Geist wird zunehmend subtiler, bis sich der sehr subtile Geist des klaren Lichts des Todes manifestiert. Die Erfahrung des klaren Lichts des Todes ist der Erfahrung des Tiefschlafs sehr ähnlich. Nachdem das klare Licht des Todes endet, erleben wir die Stadien des Zwischenzustandes oder Bardos auf Tibetisch. Dies ist ein traumähnlicher Zustand zwischen Tod und Wiedergeburt. Nach einigen Tagen oder Wochen endet der Zwischenzustand und wir werden wiedergeboren. So wie die Traumwelt beim Erwachen aus dem Schlaf verschwindet und wir die Welt des Wachzustandes wahrnehmen, so enden mit der Wiedergeburt die Erscheinungen des Zwischenzustandes und wir nehmen die Welt unseres nächsten Lebens wahr.

Der einzige bedeutsame Unterschied zwischen dem Vorgang des Schlafens, Träumens und Aufwachens und dem Vorgang des Sterbens, des Zwischenzustandes und der Wiedergeburt besteht darin, dass nach der Beendigung des klaren Lichts des Schlafes die Verbindung zwischen unserem Geist und unserem gegenwärtigen Körper bestehen bleibt, während sie sich nach dem klaren Licht des Todes auflöst.

Im Zwischenzustand haben wir verschiedene Visionen, die aus den karmischen Samen entstehen, die unmittelbar vor dem Tod angeregt wurden. Wurden negative Samen aktiviert, dann sind die Visionen alptraumhaft. Das Aktivieren positiver Samen führt zu überwiegend angenehmen Visionen. In jedem Fall zwingen uns die karmischen Samen, sobald sie genügend

GRUNDLAGEN

ausgereift sind, zu einer Wiedergeburt in einem der sechs Bereiche Samsaras.

Die sechs Bereiche sind wirkliche Orte, an denen wir wiedergeboren werden können. Sie entstehen durch die Kraft unserer Handlungen oder Karma. Es gibt drei Arten von Handlungen: körperliche, sprachliche und geistige Handlungen. Unsere körperlichen und sprachlichen Handlungen haben ihren Ursprung in unseren geistigen Handlungen. Deshalb werden die sechs Bereiche letztlich durch unseren Geist erschaffen. Ein Höllenbereich ist zum Beispiel ein Ort, der als Ergebnis schlimmster Handlungen, wie Mord oder außerordentliche geistige oder körperliche Grausamkeit, entsteht. Derartige Handlungen hängen ihrerseits von am stärksten verblendeten Geisteszuständen ab.

Um uns die sechs Bereiche bildhaft vorzustellen, vergleichen wir sie mit den Stockwerken eines großen, alten Hauses. In dieser Analogie ist das Haus Samsara, der Kreislauf von Tod und Wiedergeburt, dem alle gewöhnlichen Wesen ohne Wahl oder Kontrolle unterworfen sind. Es besteht aus dem Erdgeschoss, dem ersten und zweiten Stockwerk und drei Untergeschossen. Verblendete fühlende Wesen sind wie die Bewohner dieses Hauses. Sie sind in ständiger Bewegung, gehen nach oben und nach unten. Manchmal wohnen sie in den oberen Stockwerken und manchmal in den Untergeschossen.

Das Erdgeschoss entspricht dem menschlichen Bereich. Über diesem, im ersten Stockwerk, befindet sich der Bereich der Halbgötter. Halbgötter sind nichtmenschliche Wesen, die andauernd in kriegerische Auseinandersetzungen mit den Göttern verstrickt sind. An Kraft und Wohlstand sind sie den

Menschen überlegen. Sie sind jedoch so besessen von Neid und Gewalt, dass ihr Leben wenig spirituellen Wert hat.

Im obersten Stockwerk leben die Götter. Die niederen Klassen der Götter, die Götter des Begierdebereiches, leben in Saus und Braus, frönen dem Müßiggang und verbringen ihre Zeit mit Vergnügungen und der Befriedigung ihrer Wünsche. Obwohl sie in einer paradiesischen Welt weilen und eine sehr lange Lebensspanne haben, sind sie dennoch nicht unsterblich. Früher oder später fallen auch sie in niedere Bereiche zurück. Da ihr Leben von Ablenkungen erfüllt ist, bringen sie kaum die nötige Motivation für die Praxis des Dharmas, Buddhas Lehre, auf. Aus spiritueller Sicht ist deshalb ein menschliches Leben weitaus wertvoller.

Höher als die Götter des Begierdebereiches stehen die Götter des Form- und formlosen Bereiches. Die Götter des Formbereiches haben alle sinnlichen Begierden überwunden, verweilen in einer verfeinerten Glückseligkeit meditativer Versenkung und haben Körper aus Licht. Die Götter des formlosen Bereiches transzendieren selbst diese subtilen Formen und verweilen ohne Form in einem subtilen Bewusstseinszustand, der dem unendlichen Raum ähnelt. Innerhalb Samsaras besitzen sie zwar den reinsten und erhabensten Geist; dennoch haben sie die Unwissenheit des Festhaltens am Selbst, die Wurzel Samsaras, noch nicht überwunden. Und so endet schließlich auch ihr Leben. Sie werden, nachdem sie viele Äonen lang in Glückseligkeit weilten, dennoch wieder in einem der niederen Bereiche Samsaras geboren. Wie die anderen Götter erschöpfen sie ihre in der Vergangenheit angesammelten Verdienste oder ihr Glück und machen nur geringe oder gar keine spirituellen Fortschritte.

GRUNDLAGEN

Die drei oberen Stockwerke werden die «glücklichen Bereiche» genannt. Die Lebewesen, die in diesen Bereichen wohnen, machen vergleichsweise angenehme Erfahrungen, die aus tugendhaften Handlungen entstanden sind. In den Untergeschossen befinden sich die drei niederen Bereiche. Sie sind das Ergebnis negativer Handlungen von Körper, Rede und Geist. Im Tierbereich, der dem ersten Untergeschoss entspricht, sind die Erfahrungen am wenigsten schmerzhaft. Dieser Bereich umfasst alle Säugetiere, außer den Menschen, sowie Vögel, Fische, Insekten und Würmer – das ganze Tierreich. Der Geist der Tiere ist durch äußerste Dummheit gekennzeichnet. Sie haben nicht das geringste spirituelle Bewusstsein und ihr Leben ist voller Angst und Gewalt.

Im nächsten Untergeschoss leben die hungrigen Gespenster oder hungrigen Geister. Die hauptsächlichen Ursachen für eine Wiedergeburt in diesem Bereich sind Gier und durch Geiz motiviertes negatives Handeln. Die Folge solcher Handlungen ist extreme Armut. Die hungrigen Geister leiden für lange Zeit unter Hunger und Durst und dies ist für sie sehr schwer zu ertragen. Ihre Welt ist eine riesige Wüste. Finden sie zufällig doch einmal einen Tropfen Wasser oder Essensreste, lösen sie sich wie eine Luftspiegelung auf oder verwandeln sich in etwas Abstoßendes wie Eiter oder Urin. Erscheinungen dieser Art sind Auswirkungen ihres negativen Karmas und eines Mangels an Verdiensten.

Das unterste Kellergeschoss ist der Höllenbereich. Hier erleiden die Wesen endlose Qualen. Einige Höllen bestehen aus einem Meer von Flammen, andere sind trostlose, in ewige Dunkelheit getauchte Eiswüsten. Furchterregende Monster, durch den Geist der Höllenwesen herauf beschworen, fügen ihnen schreckliche Qualen zu. Unbarmherzig scheinen die Leiden bis in alle Ewigkeit fortzudauern. Doch schließlich erschöpft sich das Karma, das die Geburt in einem Höllenbereich verursacht hat. Die Höllenwesen sterben und werden anderswo in Samsara wiedergeboren.

Dies ist ein allgemeines Bild von Samsara. Seit anfangsloser Zeit sind wir in Samsara gefangen. Ohne Freiheit oder Kontrolle irren wir ohne Sinn in den verschiedenen Bereichen umher, von den himmlischen Gefilden bis zu den tiefsten Höllen. Manchmal weilen wir bei den Göttern in den oberen Stockwerken, manchmal leben wir in einer menschlichen Wiedergeburt im Erdgeschoss. Die meiste Zeit jedoch hausen wir in den Kellergeschossen und müssen schreckliche körperliche und geistige Qualen erdulden.

Obwohl Samsara einem Gefängnis gleicht, gibt es ein Tor, durch das wir fliehen können. Dieses Tor ist Leerheit, die endgültige Natur der Phänomene. Schulen wir uns in den spirituellen Pfaden, die in diesem Buch erklärt sind, werden wir schließlich den Weg zu diesem Tor finden. ==Wenn wir hindurch schreiten, werden wir feststellen, dass das Haus nur eine Illusion war, eine Schöpfung unseres unreinen Geistes.== Samsara ist kein äußeres Gefängnis. Es ist ein Gefängnis, erschaffen von unserem eigenen Geist. Samsara wird niemals von selbst aufhören. Nur wenn wir gewissenhaft den wahren spirituellen Pfad praktizieren und dadurch unser Festhalten am Selbst und andere Verblendungen beseitigen, können wir unser Samsara beenden. Haben wir selbst Befreiung erlangt, dann können wir anderen den Weg zeigen, wie sie ihr geistiges Gefängnis durch Beseitigung ihrer Verblendungen zerstören können.

Praktizieren wir die in diesem Buch vorgestellten einundzwanzig Meditationen, dann überwinden wir allmählich unsere verblendeten Geisteszustände, die uns in Samsara gefangen halten. Zudem werden wir alle Eigenschaften entwickeln, die wir brauchen, um die volle Erleuchtung zu erlangen. Die ersten sechs Meditationen führen vor allem zu Entsagung, dem Entschluss Samsara zu entkommen. Die zwölf darauffolgenden Meditationen helfen uns, tiefempfundene Liebe und Mitgefühl für alle Lebewesen zu entwickeln. Sie führen uns zu der Erkenntnis, dass wir andere Lebewesen nur aus Samsara befreien können, wenn zuerst wir selbst Erleuchtung erlangen. Das hauptsächliche Hindernis, das uns davon abhält Befreiung und Erleuchtung zu erlangen, ist das Festhalten am Selbst, eine tief verwurzelte, falsche Vorstellung davon, wie die Dinge existieren. Die hauptsächliche Funktion der nächsten beiden Meditationen besteht darin, dieser falschen Vorstellung entgegenzuwirken und sie schließlich zu zerstören. Und die letzte Meditation ist die Methode, unsere Erfahrungen der vorherigen zwanzig Meditation zu vertiefen.

WIE MAN MEDITIERT

Jede der einundzwanzig Meditationen hat fünf Teile: Vorbereitung, Kontemplation, Meditation, Widmung und anschließende Praxis. Die Anleitungen, die diese einundzwanzig Meditationsübungen erklären, werden die «Stufen des Pfades» oder «Lamrim» genannt. Die Verwirklichungen dieser Meditationen sind die eigentlichen spirituellen Pfade, die uns zur großen Befreiung der vollen Erleuchtung führen.

Der erste Teil, die vorbereitenden Übungen, bereitet uns auf eine erfolgreiche Meditation vor. Wir reinigen Hindernisse, die durch früheres negatives Handeln verursacht wurden, reichern unseren Geist mit Verdiensten (oder Glück) an und beflügeln ihn durch die Segnungen der Buddhas und Bodhisattvas. Wenn wir tiefe Erfahrungen mit diesen Meditationen machen wollen, dann sind die vorbereitenden Übungen sehr wichtig. Wir beginnen deshalb unsere Praxis mit den *Gebeten für die Meditation* in Anhang I. Den Kommentar zu diesen Übungen finden wir in Anhang II.

Durch den zweiten Teil, die Kontemplation oder analytische Meditation, finden wir das Objekt der verweilenden Meditation. Wir erwägen verschiedene Argumente, betrachten Gleichnisse oder denken über die Bedeutung der Anleitungen nach. Es ist hilfreich, die jeweiligen Kontemplationen auswendig zu lernen. Dann können wir meditieren, ohne im Text nachschauen zu müssen. Die angegebenen Kontemplationen sind nur als allgemeine Richtlinien gedacht. Wir sollten sie mit für uns hilfreichen Begründungen und Beispielen ergänzen und anreichern.

Wenn das Objekt aufgrund der Kontemplation klar erscheint, beenden wir die analytische Meditation und konzentrieren uns eingerichtet auf dieses Objekt. Die eingerichtete Konzentration ist der dritte Teil, die eigentliche Meditation.

Wenn die Meditation neu für uns ist, ist unsere Konzentration noch schwach. Wir sind leicht abgelenkt und verlieren häufig das Meditationsobjekt. Deshalb müssen wir am Anfang sicher mehrmals in jeder Sitzung zwischen Kontemplation und verweilender Meditation abwechseln. Meditieren wir beispielsweise über Mitgefühl, dann denken wir zuerst so lange

GRUNDLAGEN

über die verschiedenen Leiden der Lebewesen nach, bis eine starke Empfindung von Mitgefühl in unserem Herzen entsteht. Über dieses Gefühl meditieren wir mit einsgerichteter Konzentration. Lässt das Gefühl nach oder schweift unser Geist zu einem anderen Objekt ab, dann wechseln wir zur analytischen Meditation, um uns an das Gefühl zu erinnern. Dann beenden wir abermals die analytische Meditation und halten das Gefühl wieder mit einsgerichteter Konzentration.

Kontemplation und Meditation sind Methoden unseren Geist mit tugendhaften Objekten vertraut zu machen. Je vertrauter wir mit diesen Objekten sind, desto friedlicher ist unser Geist. Durch Schulung in Meditation und durch ein Leben in Übereinstimmung mit den gewonnenen Einsichten und Vorsätzen, werden wir schließlich ein Leben lang ununterbrochen einen friedlichen Geist bewahren können. Ausführliche Anleitungen über die Kontemplationen und Meditation im Allgemeinen finden wir in *Verwandle dein Leben* und *Freudvoller Weg des Glücks*.

Am Ende jeder Sitzung widmen wir die Verdienste, die durch unsere Meditation entstanden sind, der Erlangung der Erleuchtung. Widmen wir Verdienste nicht, dann können sie leicht durch Wut zerstört werden. Durch aufrichtige Rezitation der Widmungsgebete am Schluss jeder Meditationssitzung gewährleisten wir, dass die Verdienste, die durch das Meditieren entstanden sind, nicht verschwendet werden, sondern eine Ursache für Erleuchtung sein werden.

Der fünfte Teil jeder Meditationspraxis ist die anschließende Praxis nach der Meditation, während der Meditationspause. Sie besteht aus Ratschlägen, wie wir die Meditation mit unserem Alltag verknüpfen können. Wir sollten immer daran denken, dass Dharma Praxis nicht nur auf dem Meditationskissen stattfindet, sondern unser ganzes Leben durchdringt. Es sollte keine Kluft zwischen unserer Meditationspraxis und unserem täglichen Leben entstehen. Denn eine erfolgreiche Meditation hängt davon ab, wie rein unser Verhalten außerhalb der Meditationssitzungen ist. Mit Achtsamkeit, Wachsamkeit und Gewissenhaftigkeit sollten wir unseren Geist zu jeder Zeit beobachten und versuchen alle schlechten Gewohnheiten aufzugeben. Eine tiefe Erfahrung des Dharmas ist das Ergebnis praktischer Schulung innerhalb und außerhalb der Meditation über einen langen Zeitraum hinweg. Wir sollten beharrlich und behutsam praktizieren, ohne schnelle Ergebnisse zu erwarten.

Kurz gesagt ist unser Geist wie ein Feld. Die vorbereitenden Übungen bereiten dieses Feld vor. Die Hindernisse, die durch frühere negative Handlungen verursacht wurden, werden beseitigt. Verdienste machen das Feld fruchtbar und die Segnungen der heiligen Wesen bewässern es. Kontemplation und Meditation sind wie eine gute Aussaat. Widmung und anschließende Praxis sind die Methoden, die die Ernte unserer Dharma Verwirklichungen zur Reife bringen.

Lamrim Anleitungen sind nicht dazu da, ein lediglich intellektuelles Verständnis des Pfades zur Erleuchtung zu erlangen. Sie sollen uns zu einer tiefen Erfahrung verhelfen und müssen deshalb in die Praxis umgesetzt werden. Durch tägliche Schulung unseres Geistes in diesen Meditationen werden wir schließlich vollkommene Verwirklichungen aller Stufen des Pfades erlangen. Bis wir das erreicht haben, sollten wir nicht müde werden, mündliche Unterweisungen über Lamrim anzuhören oder authentische Lamrim Kommentare zu lesen und anschließend über die Anleitungen nachzudenken und zu meditieren. Wir müssen unser Verständnis dieser essenziellen Themen ständig erweitern und mit den neu gewonnenen Einsichten unsere tägliche Meditation vertiefen.

Haben wir den ehrlichen Wunsch nach Erfahrungen der Stufen des Pfades, sollten wir versuchen, jeden Tag zu meditieren. Am ersten Tag können wir über «Unser kostbares menschliches Leben» meditieren, am zweiten über «Tod und Unbeständigkeit» und so weiter, bis wir nach einundzwanzig Tagen den ganzen Zyklus abgeschlossen haben. Dann beginnen wir von vorn. Zwischen den Sitzungen erinnern wir uns an die Anleitungen zur anschließenden Praxis. Wenn wir die Gelegenheit haben, sollten wir von Zeit zu Zeit ein Lamrim Retreat machen. In Anhang IV wird ein Zeitplan für ein solches Retreat vorgeschlagen. Praktizieren wir auf diese Weise, dann nutzen wir unser ganzes Leben, um unsere Erfahrung der Stufen des Pfades zu vertiefen.

TEIL ZWEI

Die einundzwanzig Meditationen

Die anfängliche, mittlere und große Ausrichtung

In *Eine Lampe für den Pfad zur Erleuchtung* sagt Atisha: «Ihr solltet wissen, dass es drei Arten von Lebewesen gibt: kleine, mittlere und große.» Mit klein, mittel und groß ist hier nicht die körperliche Erscheinung gemeint, sondern die unterschiedliche geistige Befähigung oder Ausrichtung: anfänglich, mittel oder groß. Es gibt zwei Arten von kleinen Wesen: gewöhnliche kleine Wesen und besondere kleine Wesen. Diejenigen, die nur das Glück dieses Lebens suchen, sind gewöhnliche kleine Wesen und diejenigen, die das Glück zukünftiger Leben suchen, sind besondere kleine Wesen. Diejenigen, die das Glück der Befreiung suchen, sind mittlere Wesen und diejenigen, die das Glück der Erleuchtung suchen, sind große Wesen. Obwohl es zahllose Lebewesen gibt, sind alle in diesen vier Arten enthalten.

Wir sollten wissen, zu welcher Gruppe wir gegenwärtig gehören. Sind wir ein gewöhnliches oder besonderes kleines Wesen, ein mittleres oder ein großes Wesen? Durch die Praxis der Lamrim Anleitungen können wir uns von der Stufe eines gewöhnlichen kleinen Wesens zur Stufe eines besonderen kleinen Wesens und weiter zur Stufe eines mittleren, großen und schließlich erleuchteten Wesens entwickeln. Die Praxis der folgenden 21 Meditationen ist die eigentliche Methode, mit der wir diese Fortschritte machen können.

Indem wir diese Meditationen üben, erlangen wir die Verwirklichungen aller Stufen des Pfades zur Erleuchtung. Die Verwirklichung der ersten fünf Meditationen sind die Stufen des Pfades einer Person anfänglicher Ausrichtung. Die Verwirklichung der sechsten Meditation und die drei höheren Schulungen sind die Stufen des Pfades einer Person mittlerer Ausrichtung. Die Verwirklichung der nächsten vierzehn Meditationen sind die Stufen des Pfades einer Person großer Ausrichtung. Die Verwirklichung der letzten Meditation kann eine Stufe des Pfades einer Person anfänglicher, mittlerer oder großer Ausrichtung sein.

Die anfängliche Ausrichtung

1. UNSER KOSTBARES MENSCHLICHES LEBEN

Das Ziel dieser Meditation ist, uns zu ermutigen Dharma zu praktizieren. Die Anleitungen des Dharmas lehren uns, wie wir uns und andere glücklich machen, wie wir unsere Verblendungen kontrollieren – insbesondere unser Festhalten am Selbst, die Wurzel allen Leidens – und wie wir den Pfad zur Erleuchtung beginnen, auf ihm fortschreiten und ihn vollenden. Deshalb ist Dharma für uns alle so wichtig. Praktizieren wir diese Unterweisungen, dann können wir die innere Krankheit unserer Verblendungen und alles Leiden dauerhaft heilen und immerwährendes Glück erlangen. Wir müssen uns selbst ermutigen Dharma zu praktizieren und unser Leben nicht mit sinnlosem Tun zu vergeuden. Ermutigen wir uns selbst nicht, wird es niemand sonst für uns tun.

MEDITATION

Als vorbereitende Übung rezitieren wir die *Gebete für die Meditation* und konzentrieren uns dabei auf ihre Bedeutung. Dann kontemplieren wir:

Unser menschliches Leben ist kostbar, selten und von unermesslicher Bedeutung. Diejenigen, die aufgrund ihrer früheren verblendeten Sichtweisen den Wert spiritueller Praxis ablehnten und als Tier wiedergeboren wurden, haben beispielsweise keine Möglichkeit Dharma zu verstehen oder zu praktizieren. Weil es für sie unmöglich ist, Dharma anzuhören, darüber nachzudenken oder zu meditieren, ist ihre gegenwärtige Wiedergeburt an sich ein Hindernis. Nur Menschen sind frei

DIE ANFÄNGLICHE AUSRICHTUNG

von solchen Hindernissen und verfügen über alle notwendigen Bedingungen, um spirituelle Pfade auszuüben, die der einzige Weg zu immerwährendem Glück sind. Diese Verknüpfung von Freiheit und notwendigen Bedingungen ist das besondere Merkmal unseres kostbaren Menschenlebens.

Obwohl es viele Menschen auf dieser Erde gibt, hat jeder von uns nur ein Leben. Jemand kann viele Autos und Häuser besitzen, doch selbst der reichste Mensch der Welt hat nicht mehr als ein Leben. Wenn dies zu Ende geht, kann man sich kein neues kaufen, borgen oder herstellen. Verlieren wir dieses Leben, dann wird es sehr schwierig sein, künftig ein weiteres, ähnlich qualifiziertes menschliches Leben zu finden. Deshalb ist für jeden von uns ein Leben als Mensch sehr selten.

Nutzen wir dieses Leben für das Erlangen spiritueller Verwirklichungen, dann wird es unermesslich bedeutsam sein. Tun wir dies, dann verwirklichen wir unser volles Potenzial und entwickeln uns vom Zustand eines gewöhnlichen, unwissenden Wesens zum Zustand eines voll erleuchteten Wesens, des höchsten aller Wesen. Haben wir dies getan, besitzen wir die Kraft ausnahmslos allen Lebewesen zu helfen. Wir können alle unsere menschlichen Probleme lösen und alle unsere eigenen und die Wünsche anderer Lebewesen erfüllen, indem wir mit diesem Leben spirituelle Verwirklichungen erlangen. Könnte irgendetwas sinnvoller sein?

Haben wir wiederholt über diese Punkte nachgedacht, fassen wir den festen Entschluss: «Ich muss Dharma praktizieren.» Dieser Entschluss ist das Objekt unserer Meditation. Wir halten ihn, ohne ihn zu vergessen. Unser Geist sollte eingerichtet und so lange wie möglich auf diesem Entschluss verweilen. Wenn wir das Objekt unserer Meditation verlieren, erneuern wir es, indem wir uns sofort an unseren Entschluss erinnern oder die Kontemplation wiederholen.

Am Ende der Meditationssitzung widmen wir die durch diese Meditation angesammelten Tugenden dafür, die Verwirklichung der Kostbarkeit unseres menschlichen Lebens zu gewinnen und Erleuchtung zum Wohl aller Lebewesen zu erlangen.

In der Meditationspause versuchen wir unseren Entschluss, Dharma zu praktizieren, niemals zu vergessen. Wir sollten uns stark bemühen Lamrim Anleitungen zu lesen und die wichtigsten Punkte auswendig zu lernen. Wir sollten Gebete mit starkem Vertrauen rezitieren und immer wieder mündliche Unterweisungen anhören und über ihre Bedeutung nachdenken. Insbesondere sollten wir alle diese Anleitungen umsetzen und in unseren Alltag integrieren.

DIE ANFÄNGLICHE AUSRICHTUNG

2. TOD UND UNBESTÄNDIGKEIT

Das Ziel dieser Meditation ist, die Faulheit der Anhaftung, das Haupthindernis für reine Dharma Praxis, zu beseitigen. Weil unser Verlangen nach weltlichen Vergnügen so stark ist, haben wir nur ein geringes oder gar kein Interesse an spiritueller Praxis. Aus spiritueller Sicht ist das fehlende Interesse an spiritueller Praxis eine Form von Faulheit, «die Faulheit der Anhaftung». Mit dieser Faulheit bleibt das Tor zur Befreiung für uns verschlossen und wir werden weiterhin Not in diesem Leben und endloses Leiden Leben für Leben erfahren. Meditation über den Tod überwindet diese Faulheit.

Wir müssen immer wieder über unseren Tod nachdenken und meditieren, bis wir eine tiefe Verwirklichung des Todes erlangen. Obwohl wir alle intellektuell wissen, dass wir letztlich sterben werden, bleibt unser Gewahrsein des Todes oberflächlich. Ein rein intellektuelles Wissen über den Tod berührt unser Herz nicht. Deshalb denken wir weiterhin jeden Tag: «Ich werde heute nicht sterben, ich werde heute nicht sterben.» Selbst an unserem Todestag denken wir darüber nach, was wir morgen oder nächste Woche vorhaben. Der Geist, der jeden Tag denkt: «Ich werde heute nicht sterben», täuscht uns. Er führt uns in die falsche Richtung und macht unser menschliches Leben leer. Durch Meditation über den Tod werden wir allmählich den täuschenden Gedanken «Ich werde heute nicht sterben» durch den nichttäuschenden Gedanken «Ich könnte heute sterben» ersetzen. Der Geist, der Tag für Tag spontan denkt: «Ich könnte heute sterben», ist die Verwirklichung des Todes. Genau diese Verwirklichung merzt direkt unsere Faulheit der Anhaftung aus und öffnet das Tor zum spirituellen Pfad.

Erlange dauerhafte Befreiung von den Leiden des Todes

Nun ist es so, wir könnten heute sterben oder wir könnten heute nicht sterben – wir wissen es nicht. Wenn wir aber jeden Tag denken: «Ich werde heute nicht sterben», dann täuscht uns dieser Gedanke, denn er entsteht aus unserer Unwissenheit. Wenn wir jedoch stattdessen jeden Tag denken: «Ich könnte heute sterben», dann täuscht uns dieser Gedanke nicht, denn er entsteht aus unserer Weisheit. Dieser Gedanke ist hilfreich, denn er verhindert die Faulheit der Anhaftung und ermutigt uns, uns auf das Wohl unserer zahllosen zukünftigen Leben vorzubereiten oder uns wirklich zu bemühen, den Pfad zur Befreiung zu betreten. Auf diese Weise geben wir unserem Leben als Mensch einen Sinn.

MEDITATION

Als vorbereitende Übung rezitieren wir die *Gebete für die Meditation* und konzentrieren uns dabei auf ihre Bedeutung. Dann kontemplieren wir:

Ich werde mit Sicherheit sterben. Es gibt keine Möglichkeit, meinen Körper vor dem endgültigen Zerfall zu bewahren. Tag für Tag, Moment für Moment zerrinnt mein Leben. Ich habe keine Ahnung, wann ich sterben werde. Der Zeitpunkt des Todes ist völlig ungewiss. Viele junge Menschen sterben vor ihren Eltern. Manche sterben bei ihrer Geburt. Es gibt keine Sicherheit in dieser Welt. Zudem gibt es unzählige Ursachen eines vorzeitigen Todes. Das Leben von vielen starken und gesunden Menschen wird durch Unfälle zerstört. Es gibt deshalb keine Garantie, dass ich heute nicht sterben werde.

Haben wir mehrmals über diese Punkte nachgedacht, wiederholen wir immer wieder den Gedanken: «Ich könnte heute sterben. Ich könnte heute sterben», und konzentrieren uns auf das Gefühl, das dies in uns hervorruft. Wir verwandeln unseren Geist in das Gefühl «Ich könnte heute sterben» und verweilen eingerichtet so lange wie möglich darauf. Wir wiederholen diese Meditation, bis wir Tag für Tag spontan glauben: «Ich könnte heute sterben.» Schließlich kommen wir zu dem Schluss: «Da ich diese Welt schon bald verlassen muss, ist es sinnlos an den Dingen dieses Lebens zu hängen. Stattdessen werde ich von jetzt an mein ganzes Leben der reinen und aufrichtigen Dharma Praxis widmen.» Dieser Entschluss ist das Objekt unserer Meditation. Wir halten ihn, ohne ihn zu vergessen und verweilen eingerichtet so lange wie möglich darauf. Wenn wir das Objekt der Meditation verlieren, erneuern wir es, indem wir uns sofort an unseren Entschluss erinnern oder die Kontemplation wiederholen.

Am Ende der Meditationssitzung widmen wir die durch die Meditation angesammelten Tugenden dafür, die Verwirklichung des Todes zu gewinnen und Erleuchtung zum Wohle aller Lebewesen zu erlangen.

In der Meditationspause sollten wir unsere Faulheit überwinden und uns bemühen, Dharma zu praktizieren. Wir erkennen, dass uns weltliche Vergnügen täuschen und davon abhalten, unser Leben auf sinnvolle Weise zu nutzen. Deshalb sollten wir die Anhaftung daran aufgeben. Auf diese Weise beseitigen wir das Haupthindernis für reine Dharma Praxis.

3. DIE GEFAHREN NIEDERER WIEDERGEBURT

Das Ziel dieser Meditation ist, uns zu ermutigen, nach Schutz vor den Gefahren einer niederen Wiedergeburt zu suchen. Wenn wir dies nicht jetzt tun, während wir dieses menschliche Leben mit all seinen Freiheiten und Ausstattungen haben, wird es zu spät sein. Haben wir erst einmal eine der drei niederen Wiedergeburten angenommen, dann ist es äußerst schwierig, erneut ein solch kostbares menschliches Leben zu gewinnen. Es wird gesagt, dass Menschen leichter die Erleuchtung erlangen, als Wesen in den niederen Bereichen, zum Beispiel Tiere, eine kostbare menschliche Wiedergeburt. Diese Meditation ermutigt uns Nichttugend aufzugeben, Tugend zu praktizieren und Zuflucht zu den heiligen Wesen zu nehmen. Das ist der eigentliche Schutz vor einer niederen Wiedergeburt. Nichttugendhaftes Handeln ist die Hauptursache für eine niedere Wiedergeburt, wohingegen Tugend zu praktizieren und Zuflucht zu den heiligen Wesen zu nehmen die Hauptursachen für eine höhere Wiedergeburt sind.

MEDITATION

Als vorbereitende Übung rezitieren wir die *Gebete für die Meditation* und konzentrieren uns dabei auf ihre Bedeutung. Dann kontemplieren wir:

Wenn das Öl in einer Öllampe verbraucht ist, erlischt die Flamme, weil sie durch das Öl erzeugt wird. Stirbt jedoch unser Körper, erlischt unser Bewusstsein nicht, weil das Bewusstsein nicht vom Körper erzeugt wird. Wenn wir sterben, muss unser Geist diesen gegenwärtigen Körper, der nur eine zeitweilige Behausung ist, verlassen und einen anderen Körper finden, genauso wie ein Vogel sein Nest verlässt, um zu einem anderen zu fliegen. Unser Geist hat weder die Freiheit zu bleiben, noch kann er sich aussuchen, wohin er geht. Wir werden durch die Winde unserer Handlungen oder unseres Karmas (unser Glück oder Unglück) zum Ort unserer nächsten Wiedergeburt geweht. Ist das Karma, das zum Zeitpunkt unseres Todes reift, negativ, dann erfahren wir mit Sicherheit eine niedere Wiedergeburt. Schwerwiegendes negatives Karma führt zu einer Wiedergeburt in der Hölle, mittleres negatives Karma zu einer Wiedergeburt als hungriger Geist und geringes negatives Karma zu einer Wiedergeburt als Tier.

Es ist sehr leicht, schweres negatives Karma zu begehen. Beispielsweise einfach aus Wut eine Mücke zu töten ist die Ursache für eine Wiedergeburt in der Hölle. Während diesem und zahlloser früherer Leben begingen wir zahlreiche schwerwiegende negative Handlungen. Falls wir diese nicht bereits durch aufrichtiges Bekennen gereinigt haben, verbleiben ihre Potenziale in unserem Geisteskontinuum. Jedes dieser negativen Potenziale kann zum Zeitpunkt unseres Todes reifen. An all dies erinnern wir uns und fragen uns: «Wo werde ich morgen sein, wenn ich heute sterbe? Es ist gut möglich, dass ich mich im Tierbereich, unter den hungrigen Geistern oder in der Hölle wiederfinde. Würde mich heute jemand eine dumme Kuh nennen, könnte ich das schwer ertragen. Aber was mache ich, wenn ich tatsächlich eine Kuh, ein Schwein oder ein Fisch – Nahrung für Menschen – werde?»

DIE ANFÄNGLICHE AUSRICHTUNG

Wir wiederholen diese Punkte immer wieder. Und weil wir verstehen, wie sehr die Lebewesen, zum Beispiel Tiere, in den niederen Bereichen leiden, entsteht in uns große Furcht vor einer solchen Wiedergeburt. Dieses Gefühl der Furcht ist das Objekt unserer Meditation. Wir halten es, ohne es zu vergessen; unser Geist sollte eingerichtet und so lange wie möglich auf diesem Gefühl der Furcht verweilen. Verlieren wir das Objekt unserer Meditation, erneuern wir es, indem wir uns sofort an das Gefühl der Furcht erinnern oder die Kontemplation wiederholen.

Am Ende der Meditationssitzung widmen wir die durch die Meditation angesammelten Tugenden dafür, die Verwirklichung der Gefahren niederer Wiedergeburt zu gewinnen und Erleuchtung zum Wohle aller Lebewesen zu erlangen.

Auch in der Meditationspause vergessen wir niemals das Gefühl der Furcht vor einer Wiedergeburt in den niederen Bereichen. An sich ist Furcht sinnlos, doch diese Furcht, die durch die obige Kontemplation und Meditation entsteht, hat immense Bedeutung. Sie entsteht aus Weisheit, nicht aus Unwissenheit. Diese Furcht ist der Hauptgrund, warum wir Zuflucht in Buddha, Dharma und Sangha suchen, die wiederum der eigentliche Schutz vor jenen Gefahren ist. Sie hilft uns, achtsam und gewissenhaft zu sein und nichttugendhaftes Handeln zu unterlassen.

4. DIE PRAXIS DER ZUFLUCHT

Das Ziel dieser Meditation ist, uns dauerhafte Befreiung von niederer Wiedergeburt zu ermöglichen. Zur Zeit sind wir Menschen und frei von niederer Wiedergeburt. Das ist jedoch nur eine vorübergehende Befreiung, keine beständige. Wir müssen so lange in zahllosen zukünftigen Leben immer wieder niedere Wiedergeburt annehmen, bis wir die Zuflucht tief in uns verwirklicht haben. Wir erlangen dauerhafte Befreiung von niederer Wiedergeburt, indem wir uns aufrichtig auf die Drei Juwelen verlassen: Buddha – die Quelle aller Zuflucht, Dharma – die Verwirklichung der Lehren Buddhas, und Sangha – die reinen Dharma Praktizierenden, die uns in unserer spirituellen Praxis helfen. Dharma ist wie eine Arznei, die das Leiden der drei niederen Bereiche verhindert. Buddha ist der Arzt, der uns diese Arznei verabreicht. Sangha sind die Krankenschwestern, die uns unterstützen. Mit diesem Verständnis nehmen wir Zuflucht zu Buddha, Dharma und Sangha.

MEDITATION

Als vorbereitende Übung rezitieren wir die *Gebete für die Meditation* und konzentrieren uns dabei auf ihre Bedeutung. Dann kontemplieren wir:

Durch das Empfangen von Buddhas Segnungen und der Hilfe von Sangha werde ich tiefgründige Dharma Verwirklichungen erlangen. Dadurch werde ich dauerhaft von niederer Wiedergeburt befreit sein.

DIE ANFÄNGLICHE AUSRICHTUNG

Haben wir wiederholt über diese gültigen Gründe Zuflucht zu nehmen nachgedacht, fassen wir den festen Entschluss: «Ich muss mich auf Buddha, Dharma und Sangha als meine endgültige Zuflucht verlassen.» Dieser Entschluss ist das Objekt unserer Meditation. Wir halten ihn, ohne ihn zu vergessen. Unser Geist sollte einsgerichtet so lange wie möglich auf diesem Entschluss verweilen. Wenn wir das Objekt unserer Meditation verlieren, erneuern wir es, indem wir uns sofort an unseren Entschluss erinnern oder die Kontemplation wiederholen.

Am Ende der Meditationssitzung widmen wir die durch die Meditation angesammelten Tugenden dafür, die Verwirklichung der Zuflucht zu gewinnen und Erleuchtung zum Wohle aller Lebewesen zu erlangen.

In der Meditationspause sollten wir die zwölf Zufluchtsverpflichtungen einhalten, die ausführlich in Anhang V erklärt werden. Das Halten jener Verpflichtungen stärkt unsere Zufluchtspraxis, sodass sie bald Früchte trägt.

5. HANDLUNGEN UND IHRE AUSWIRKUNGEN

Das Ziel dieser Meditation ist, uns zu ermutigen Nichttugenden zu reinigen und Tugenden anzusammeln, die uns dazu führen, eine menschliche Wiedergeburt mit Freiheiten und Ausstattungen anzunehmen. Hier bedeutet «Freiheit» die Freiheit von körperlichen und geistigen Hindernissen, sowie von Hindernissen, die sich aus fehlenden Bedingungen für Studium und Praxis des Dharmas ergeben. «Ausstattungen» bezieht sich auf das Vorhandensein aller erforderlichen Bedingungen für Dharma Studium und -Praxis.

Jede Handlung von Körper, Rede oder Geist wird in Sanskrit «Karma» genannt. Richtiges Handeln, das das Wohl unserer zukünftigen Leben sichert, hängt notwendigerweise vom richtigen Verständnis von Handlungen und ihren Wirkungen ab. Alle unsere Handlungen von Körper, Rede und Geist sind Ursachen und alle unsere Erfahrungen sind ihre Auswirkungen. Das Gesetz von Karma erklärt, warum jeder einzelne eine einmalige geistige Veranlagung, eine einmalige körperliche Erscheinung und einmalige Erfahrungen hat. Es sind die unterschiedlichen Auswirkungen der zahllosen Handlungen jedes Einzelnen in der Vergangenheit. Es gibt keine zwei Menschen, die in ihren vergangenen Leben die genau gleiche Vorgeschichte an Handlungen erschaffen haben. Deshalb gibt es keine zwei Menschen mit identischen Geisteszuständen, identischen Erfahrungen oder identischer körperlicher Erscheinung. Jeder hat ein anderes individuelles Karma. Das bedeutet, alle machen unterschiedliche karmische Erfahrungen als Ergebnis ihrer eigenen vergangenen Handlungen. Manche erfreuen sich guter Gesundheit, andere sind ständig krank. Manche sind sehr schön, andere sind sehr hässlich. Manche haben ein glückliches Naturell und sind leicht zufriedenzustellen, andere sind missmutig veranlagt und freuen sich kaum über etwas. Manchen fällt es leicht, die Bedeutung spiritueller Unterweisungen zu verstehen, andere finden sie schwierig und verworren.

Aufgrund unseres Karmas oder unserer Handlungen sind wir in dieser unreinen Welt geboren und erleben so viele Schwierigkeiten und Probleme. Unsere Handlungen sind unrein, weil unser Geist durch das innere Gift des Festhaltens am Selbst verunreinigt ist. Das ist der Hauptgrund, warum wir leiden. Leiden wird uns nicht als Strafe auferlegt, es wird durch unsere eigenen Handlungen oder Karma verursacht. Wir leiden, weil wir in früheren Leben zahlreiche nichttugendhafte Handlungen begangen haben, wie zum Beispiel töten, stehlen, andere betrügen, das Glück anderer zerstören und falsche Sichtweisen halten. Die Quelle dieser nichttugendhaften Handlungen sind unsere eigenen Verblendungen wie Wut, Anhaftung und die Unwissenheit des Festhaltens am Selbst.

Haben wir unseren Geist des Festhaltens am Selbst und alle anderen Verblendungen gereinigt, werden alle unsere Handlungen ganz natürlich rein sein. Als Ergebnis reiner Handlungen oder reinen Karmas wird alles, was wir erleben, rein sein. Wir werden in einer reinen Welt leben, einen reinen Körper haben, reine Vergnügen genießen und von reinen Wesen umgeben sein. Es wird nicht die geringste Spur von Leiden, Unreinheit oder Schwierigkeiten geben. In dieser Weise finden wir wahres Glück innerhalb unseres Geistes.

MEDITATION

Als vorbereitende Übung rezitieren wir die *Gebete für die Meditation* und konzentrieren uns dabei auf ihre Bedeutung. Dann kontemplieren wir:

Wenn ich alle meine Nichttugenden reinige, ist keine Grundlage mehr da für eine niedere Wiedergeburt. Durch Ansammeln von Tugend erlange ich in zukünftigen Leben eine menschliche Wiedergeburt mit allen Freiheiten und Ausstattungen. Auf diese Weise kann ich beständig, Leben für Leben, auf dem Pfad zur Erleuchtung fortschreiten.

Haben wir wiederholt über diese Punkte nachgedacht, fassen wir den festen Entschluss: «Ich muss alle meine Nichttugenden durch die aufrichtige Praxis des Bekennens reinigen. Und ich muss mich kraftvoll bemühen Tugend anzusammeln.» Dieser Entschluss ist das Objekt unserer Meditation. Wir halten ihn, ohne ihn zu vergessen. Unser Geist sollte eingerichtet so lange wie möglich auf diesem Entschluss verweilen. Wenn wir das Objekt unserer Meditation verlieren, erneuern wir es, indem wir uns sofort an unseren Entschluss erinnern oder die Kontemplation wiederholen.

Am Ende der Meditationssitzung widmen wir die durch die Meditation angesammelten Tugenden dafür, die Verwirklichung von Karma zu gewinnen und Erleuchtung zum Wohle aller Lebewesen zu erlangen.

In der Meditationspause sollten wir selbst kleinste nichttugendhafte Handlungen gewissenhaft vermeiden und uns bemühen bereits begangene nichttugendhafte Handlungen zu reinigen. Wir sollten die Tugenden der moralischen

Disziplin, des Gebens, der Geduld, des Bemühens, der Konzentration und der Weisheit praktizieren, denn sie sind die hauptsächlichen Ursachen für ein zukünftiges menschliches Leben mit Freiheiten und Ausstattungen. Buddha sagte, dass eine menschliche Wiedergeburt aus der Praxis moralischer Disziplin entsteht, Reichtum aus Geben, ein anmutiger Körper aus Geduld, die Erfüllung spiritueller Wünsche aus Bemühen in Studium und Praxis des Dharmas, innerer Frieden aus Konzentration und Befreiung aus Weisheit.

Die mittlere Ausrichtung

In einem glücklichen Bereich, wie dem menschlichen, wiedergeboren zu werden, gleicht nur einem kurzen Urlaub, wenn wir danach wieder in die niederen Bereiche hinabsteigen und erneut für unfassbar lange Zeit extreme Leiden erfahren müssen.

Wir leiden, weil wir in Samsara sind. Denken wir tief darüber nach, dann erkennen wir eins klar: Wenn wir uns wirkliche Freiheit und wirkliches Glück wünschen, müssen wir Samsara aufgeben. Durch Schulung in den Stufen des Pfades einer Person mittlerer Ausrichtung geben wir Samsara auf und erlangen beständigen inneren Frieden, der gänzlich frei von allen Leiden, Gefahren und ihren Ursachen ist. Das ist wirkliche Befreiung.

6. ENTSAGUNG FÜR SAMSARA ENTWICKELN

Das Ziel dieser Meditation ist, Entsagung zu verwirklichen – den spontanen Wunsch, uns aus Samsara, dem Kreislauf verunreinigter Wiedergeburt, zu befreien. Entsagung ist das Tor, durch das wir den Pfad zur Befreiung oder Nirvana betreten – den beständigen inneren Frieden, der durch das vollständige Aufgeben der Unwissenheit des Festhaltens am Selbst erlangt wird.

An sich ist unsere menschliche Wiedergeburt wahres Leiden. Sie ist nur kostbar und wertvoll, wenn wir sie zur Schulung in spirituellen Pfaden nutzen. Wir erleben verschiedene Arten von Leiden, weil wir eine Wiedergeburt angenommen haben, die durch das innere Gift der Verblendungen verunreinigt ist. Diese Erfahrung hat keinen Anfang, denn seit anfangsloser Zeit sind unsere Wiedergeburten verunreinigt, und sie wird kein Ende haben, solange wir nicht den höchsten inneren Frieden von Nirvana erlangen. Wenn wir darüber nachdenken und meditieren, wie wir in diesem Leben und Leben für Leben Leiden und Schwierigkeiten erfahren, kommen wir zu dem eindeutigen Schluss, dass jedes einzelne unserer Leiden und Probleme aus unserer verunreinigten Wiedergeburt entsteht. Dann werden wir uns nichts so sehr wünschen, als den Kreislauf verunreinigter Wiedergeburt, Samsara, aufzugeben. Das ist der erste Schritt auf dem Weg zum Glück von Nirvana. So betrachtet hat die Kontemplation und Meditation über Leiden große Bedeutung.

Solange wir in diesem Kreislauf verunreinigter Wiedergeburt verharren, werden Leiden und Probleme nie enden. Jedes

Mal, wenn wir wiedergeboren werden, müssen wir sie immer wieder erleben. Vielleicht können wir uns an unsere Erfahrungen im Mutterleib oder in früher Kindheit nicht erinnern, dennoch haben die Leiden des menschlichen Lebens zum Zeitpunkt unserer Zeugung begonnen. Wir alle sehen, dass ein Neugeborenes Qualen und Schmerzen erlebt. Schreien ist das erste, was ein Säugling bei der Geburt macht. Selten wird ein Baby mit einem friedvoll lächelnden Antlitz in vollkommener Gelassenheit geboren.

In den folgenden Kontemplationen denken wir über die verschiedenen Leiden des menschlichen Bereiches nach. Wir sollten jedoch nicht vergessen, dass die Leiden in den anderen Bereichen meist weitaus schlimmer sind.

Geburt

Wenn unser Bewusstsein in die Vereinigung des Spermas unseres Vaters und der Eizelle unserer Mutter eintritt, ist unser Körper eine heiße, wässrige Substanz, wie weißer, leicht rötlich gefärbter Joghurt. Kurz nach der Empfängnis haben wir noch keine groben Gefühle. Sobald sich diese aber entwickeln, beginnt unsere Schmerzempfindung. Unser Körper wird allmählich immer fester. Wenn unsere Gliedmaßen wachsen, fühlt es sich an, als würde unser Körper auf einer Folterbank gestreckt. In der Gebärmutter ist es heiß und dunkel. Neun Monate lang ist dieser kleine, fest zusammengedrückte Raum voller unreiner Substanzen unser Wohnort. Es fühlt sich an, als ob wir in einen mit schmutziger Flüssigkeit gefüllten kleinen Wassertank eingezwängt wären, der so dicht ist, dass weder Luft noch Licht eindringen.

Erlange dauerhafte Befreiung von den Leiden samsarischer Wiedergeburt

DIE MITTLERE AUSRICHTUNG

Im Mutterleib erleben wir in völliger Verlassenheit große Schmerzen und Angst. Wir reagieren äußerst empfindlich auf alles, was unsere Mutter tut. Geht sie schnell, fühlt es sich an, als würden wir von einem hohen Berg fallen und wir erschrecken. Beim Geschlechtsverkehr fühlt es sich an, als würden wir zwischen zwei riesigen Mühlsteinen zerquetscht und erstickt und wir geraten in Panik. Wenn unsere Mutter auch nur einen einzigen Sprung macht, fühlt es sich an, als würden wir aus großer Höhe heftig auf dem Boden aufschlagen. Wenn sie etwas Heißes trinkt, fühlt es sich an, als würde kochendes Wasser unsere Haut verbrennen. Wenn sie etwas Kaltes trinkt, fühlt es sich an wie ein eiskalter Regenguss im tiefsten Winter.

Wenn wir aus dem Mutterleib heraus kommen, ist es, als würden wir durch eine enge Spalte zwischen zwei Felsen gepresst. Kurz nach der Geburt ist unser Körper so empfindlich, dass jede Art von Berührung schmerzt. Selbst wenn uns jemand zärtlich in die Arme nimmt, empfinden wir die Hände wie Dornengestrüpp, das unsere Haut aufreißt. Sogar das feinste Gewebe fühlt sich für uns rau und grob an. Im Gegensatz zur Geschmeidigkeit und Sanftheit des Mutterleibes, ist jede Berührung rau und schmerzhaft. Wenn uns jemand hochhebt, fühlt es sich an, als würden wir über einen tiefen Abgrund geschleudert. Wir fürchten uns und fühlen uns wie verloren. Wir haben alles aus unseren vergangenen Leben vergessen. Wir bringen nur Schmerz und Verwirrung aus dem Mutterleib mit. Was auch immer wir hören, ist für uns so sinnlos wie das Rauschen des Windes. Wir verstehen nichts von alledem, was wir wahrnehmen. In den ersten Wochen sind wir wie blind, taub, stumm oder dement. Wenn wir hungrig sind, können wir nicht sagen: «Ich möchte essen» und wenn wir Schmerzen haben, können wir nicht sagen: «Hier tut es weh.» Die einzigen Anzeichen, dass uns etwas fehlt, sind heiße Tränen und wildes Gebaren. Unsere Mutter weiß oft gar nicht, unter welchen Schmerzen und Beschwerden wir leiden. Wir sind völlig hilflos. Alles muss uns beigebracht werden: wie man isst, wie man sitzt, wie man geht, wie man spricht.

Obwohl wir in den ersten Wochen unseres Lebens am verletzlichsten sind, hören unsere Schmerzen nicht auf, wenn wir älter werden. Während unseres ganzen Lebens müssen wir die unterschiedlichsten Arten von Leiden ertragen. Die Wärme eines Kaminfeuers, das wir in einem großen Haus entzünden, durchdringt das ganze Haus und all die Wärme im Haus kommt von diesem Feuer. Genauso durchdringt, wenn wir in Samsara geboren werden, das Leiden unser ganzes Leben und all das Elend, das wir erfahren, entsteht einzig und allein, weil wir eine verunreinigte Wiedergeburt angenommen haben.

Unsere Wiedergeburt als Mensch ist verunreinigt durch die giftige Verblendung des Festhaltens am Selbst. Sie ist die Grundlage unseres menschlichen Leidens. Ohne diese Grundlage gibt es keine menschlichen Probleme. Und so wandeln sich die Schmerzen der Geburt allmählich in die Schmerzen von Krankheit, Altern und Tod um – sie sind ein Kontinuum.

Krankheit

Geburt mündet unweigerlich in die Leiden der Krankheit. So wie Wind und Schnee im Winter den grünen Wiesen, Wäldern und Blumen ihre Herrlichkeit rauben, so raubt die Krankheit unserem Körper seine jugendliche Pracht. Seine Kraft nimmt ab und unsere Sinne werden stumpf. Normalerweise sind wir gesund und munter. Doch wenn uns eine Krankheit überfällt, dann sind wir plötzlich nicht mehr in der Lage, unseren üblichen körperlichen Tätigkeiten nachzugehen. Selbst ein Box Champion, der normalerweise alle seine Gegner k.o. schlagen kann, ist völlig hilflos, wenn ihn eine Krankheit trifft. Krankheit zerstört alles, was uns täglich Vergnügen bereitet, und unangenehme Gefühle überwältigen uns Tag und Nacht.

Wenn wir krank werden, gleichen wir einem Vogel, der hoch am Himmel kreist und plötzlich abgeschossen wird. Er fällt zu Boden wie ein Klumpen Blei und all seine Pracht und Stärke sind sogleich dahin. Ganz ähnlich ergeht es uns: Krankheit macht uns augenblicklich handlungsunfähig. Sind wir ernsthaft krank, werden wir womöglich vollständig abhängig von anderen sein und verlieren sogar die Kontrolle über unsere Körperfunktionen. Dieser Wandel ist schwer zu ertragen. Ganz besonders für diejenigen, die stolz auf ihre Unabhängigkeit und körperliche Gesundheit sind.

Wenn wir krank sind, sind wir frustriert. Wir können unsere tägliche Arbeit nicht mehr verrichten und nicht das erledigen, was wir uns vorgenommen haben. Wir sind schnell ungeduldig mit unserer Krankheit und fühlen uns deprimiert, weil wir viele Dinge nicht mehr tun können. Wir können uns nicht mehr an den Dingen erfreuen, die uns für gewöhnlich Vergnügen bereiten, wie Sport, Tanzen, Trinken, reichhaltiges Essen oder unter Freunden sein. Alle diese Einschränkungen machen uns noch elender. Und unser Leiden wird noch größer, weil wir viele Schmerzen erdulden müssen, die die Krankheit mit sich bringt.

Wenn wir krank sind, müssen wir nicht nur die unerwünschten Schmerzen der Krankheit selbst erdulden, sondern auch viele andere unerwünschte Begleiterscheinungen. Wir müssen verschiedenste Behandlungen über uns ergehen lassen, so wie bittere Arznei, Spritzen, größere Operationen, oder wir müssen uns von etwas zurückhalten, was wir sehr mögen. Wenn wir uns operieren lassen, müssen wir uns in ein Krankenhaus begeben und alle Bedingungen dort annehmen. Vielleicht bekommen wir etwas zu essen, was wir nicht mögen, oder wir müssen den ganzen Tag im Bett liegen, ohne etwas tun zu können. Vielleicht haben wir Angst vor der bevorstehenden Operation. Möglicherweise erklärt uns der Arzt nicht genau, was wir haben, und ob er erwartet, dass wir überleben oder sterben müssen.

Wenn wir erfahren, dass unsere Krankheit unheilbar ist und wir haben keine spirituellen Erfahrungen, dann werden uns Sorgen, Ängste und das Gefühl von Reue überwältigen. Vielleicht werden wir deprimiert sein und alle Hoffnung aufgeben, vielleicht werden wir wütend und unsere Krankheit als böswilligen Feind betrachten, der uns aller Freuden beraubt.

Altern

Geburt führt ebenfalls zum Leiden des Alterns: Altern stiehlt uns unsere Schönheit, unsere Gesundheit, unser gutes Aussehen, unseren zarten Teint, unsere Vitalität und unser Wohlbehagen. Altern verwandelt uns in Objekte der Verachtung. Altern beschert uns viele unerwünschte Schmerzen und bringt uns rasch dem Tod näher.

Während wir alt werden, verlieren wir die Schönheit unserer Jugend. Unser starker, gesunder Körper wird schwach und von Krankheiten geplagt. Unsere einst feste und ebenmäßige

Gestalt krümmt und verformt sich. Unsere Muskeln und unser Fleisch schrumpfen, so dass unsere Glieder wie dünne Stöcke aussehen und unsere Knochen hervorstechen. Unser Haar verliert seine Farbe und seinen Schimmer, unsere Haut ihren Glanz. Unser Gesicht wird runzlig und unsere äußere Erscheinung zunehmend verunstaltet. Milarepa sagte:

> Wie stehen alte Leute auf? Sie stehen auf, als würden sie einen Pfahl aus dem Boden ziehen. Wie gehen alte Leute? Wenn sie einmal auf ihren Füßen stehen, gehen sie so behutsam wie Vogelfänger. Wie lassen sich alte Leute nieder? Sie brechen zusammen wie schweres Gepäck, dessen Riemen gerissen ist.

Wir können über das folgende Gedicht nachdenken, das die Leiden des Alterns treffend beschreibt:

> Wenn wir alt sind, wird unser Haar weiß,
> Aber nicht, weil wir es gewaschen haben.
> Es ist ein Zeichen, dass wir bald dem Herrn des Todes
>   begegnen werden.
>
> Wir haben Falten auf unserer Stirn,
> Aber nicht weil wir so wohlgenährt sind.
> Es ist eine Warnung vom Herrn des Todes: «Du bist
>   im Begriff zu sterben.»
>
> Unsere Zähne fallen aus,
> Aber nicht, um Platz für neue zu machen.
> Es ist ein Zeichen, dass wir unsere Nahrung bald nicht
>   mehr essen können.

Unsere Gesichter sind hässlich und unangenehm,
Aber nicht, weil wir Masken tragen.
Es ist ein Zeichen, dass uns die Maske der Jugend
abhandengekommen ist.

Unsere Köpfe wackeln hin und her,
Aber nicht, weil uns etwas missfällt.
Es ist der Herr des Todes, der unsere Köpfe mit dem
Stock schlägt, den er in seiner rechten Hand hält.

Wir gehen gebeugt und starren auf den Boden,
Aber nicht, weil wir nach verlorenen Nadeln suchen.
Es ist ein Zeichen, dass wir nach unserer verlorenen
Schönheit und Erinnerung Ausschau halten.

Wir stützen uns auf allen Vieren vom Boden ab,
Aber nicht, weil wir Tiere nachahmen.
Es ist ein Zeichen, dass unsere Beine zu schwach sind,
um unseren Körper zu tragen.

Wir setzen uns hin, als würden wir plötzlich fallen,
Aber nicht, weil wir zornig sind.
Es ist ein Zeichen, dass die Kräfte unseres Körpers
versagt haben.

Beim Gehen schwanken unsere Körper hin und her,
Aber nicht, weil wir uns so wichtig dünken.
Es ist ein Zeichen, dass unsere Beine den Körper nicht
länger tragen können.

Unsere Hände zittern,
Aber nicht, weil sie versucht sind zu stehlen.
Es ist ein Zeichen, dass der Herr des Todes versucht
unseren Besitz zu rauben.

Wir essen nur wenig,
Aber nicht, weil wir geizig sind.
Es ist ein Zeichen, dass wir keine Nahrung verdauen können.

Wir keuchen fortwährend,
Aber nicht, weil wir Kranken Mantras zuflüstern.
Es ist ein Zeichen, dass unser Atem bald enden wird.

Wenn wir jung sind, können wir die ganze Welt bereisen. Doch sind wir alt, dann schaffen wir es kaum bis zu unserem eigenen Gartentor. Für viele weltliche Tätigkeiten sind wir zu schwach und unsere spirituellen Aktivitäten sind oft eingeschränkt. So haben wir nur geringe körperliche Kraft für tugendhaftes Handeln und wenig geistige Kraft, etwas auswendig zu lernen, nachzudenken und zu meditieren. Wir können nicht an Unterweisungen teilnehmen, die an Orten stattfinden, die schwer zu erreichen sind oder unbequeme Unterkünfte anbieten. Wir können anderen nicht helfen, sofern dies körperliche Stärke und gute Gesundheit erfordert. Entbehrungen wie diese machen alte Menschen oft sehr traurig.

Wenn wir alt werden, ist es so als seien wir blind und taub. Wir können nicht gut sehen und brauchen immer stärkere Brillen, bis wir schließlich gar nicht mehr lesen können. Wir können nicht gut hören und es wird immer schwieriger, Musik zu hören, fernzusehen oder den Gesprächen anderer zu lauschen. Unser Gedächtnis schwindet. Alle Tätigkeiten, weltliche und spirituelle, werden mühsamer. Wenn wir meditieren, wird es schwieriger für uns, Verwirklichungen zu erlangen. Unser Gedächtnis und unsere Konzentration sind schwach und beim Studium lassen unsere Kräfte nach. Es ist so: Haben wir uns in jungen Jahren nicht in spiritueller Praxis geschult, dann können wir im Alter nichts anderes tun, als tiefes Bedauern zu empfinden und auf den Herrn des Todes zu warten.

Wenn wir alt sind, bereitet uns das, was wir früher genossen haben, nicht mehr das gleiche Vergnügen. Beim Essen, Trinken und Sex erleben wir nicht mehr die gleiche Freude. Wir sind zu schwach, um zu spielen und oft sogar zu erschöpft, um uns unterhalten zu lassen. Wenn unsere Lebensspanne schwindet, nehmen wir an den Unternehmungen junger Leute nicht mehr teil. Wenn sie auf Reisen gehen, bleiben wir zurück. Niemand will uns mitnehmen, wenn wir alt sind. Niemand will uns besuchen. Sogar unsere eigenen Enkel bleiben nicht sehr lange bei uns. Alte Menschen denken oft: «Wie schön wäre es, mit jungen Menschen zusammen zu sein. Wir würden spazieren gehen und ich könnte ihnen so vieles zeigen.» Doch solche Pläne lassen die Jungen unbekümmert. Wenn das Leben zu Ende geht, erfahren alte Menschen den Kummer der Verlassenheit und der Einsamkeit. Sie haben viele besondere Leiden.

Tod

Geburt führt auch zu den Leiden des Todes. Wenn wir in unserem Leben schwer und viel gearbeitet haben, um Besitz anzuhäufen, dann wird unsere Anhaftung stark sein. Zum Zeitpunkt des Todes werden wir sehr leiden und denken: «Jetzt muss ich all das Kostbare, das ich besitze, zurücklassen.» Gewöhnlich fällt es uns sehr schwer, auch nur etwas von den Dingen zu verleihen, die uns am Herzen liegen. Ganz zu schweigen davon, etwas herzugeben. Kein Wunder also, dass wir uns so elend fühlen, wenn wir erkennen, dass wir in der Umarmung des Todes alles verlieren.

Wenn wir sterben, müssen wir uns sogar von unseren engsten Freunden trennen. Wir müssen unseren Ehepartner verlassen, auch wenn wir viele Jahre zusammen und nicht einen einzigen Tag voneinander getrennt lebten. Haben wir sehr starke Anhaftung an unsere Freunde, überwältigt uns zum Zeitpunkt des Todes der Kummer. Doch das Einzige, was wir tun können, ist ihre Hand zu halten. Den Todesprozess können wir nicht aufhalten, selbst wenn sie uns anflehen nicht zu sterben. Gewöhnlich sind wir eifersüchtig, wenn uns jemand, an dem wir sehr stark hängen, allein lässt und Zeit mit anderen verbringt. Doch wenn wir sterben, müssen wir unsere Freunde für immer bei anderen zurücklassen. Wir lassen alle zurück, unsere Familie und alle Menschen, die uns in diesem Leben geholfen haben.

Wenn wir sterben, müssen wir sogar diesen Körper, den wir geschätzt und um den wir uns immer gesorgt haben, zurücklassen. Er wird so unbewusst sein wie ein Stein und verbrannt oder begraben. Ohne den inneren Schutz spiritueller Erfahrung, erleben wir zum Zeitpunkt des Todes sowohl Angst und Bedrängnis als auch körperliche Schmerzen.

Unser Bewusstsein, das zum Zeitpunkt des Todes den Körper verlässt, trägt alle Potenziale, die wir in unserem Geist durch tugendhafte oder nichttugendhafte Handlungen angesammelt haben. Etwas anderes können wir aus dieser Welt nicht mitnehmen. Alles andere ist eine Täuschung. Der Tod beendet all unser Tun – unsere Gespräche, unser Essen, das Treffen mit Freunden, unseren Schlaf. All dies geht an unserem Todestag zu Ende. Wir lassen alles zurück, sogar die Ringe an unseren Fingern. In Tibet tragen Bettler einen

Stock, um sich gegen Hunde zu wehren. Selbst diesen Stock, das Geringste, was ein Mensch besitzen kann, muss der Bettler zum Zeitpunkt des Todes zurücklassen. Das zeigt uns den vollkommenen Verlust, den wir beim Tod erleiden werden. Überall auf der Welt sehen wir, dass der in Stein gemeißelte Name der einzige «Besitz» der Toten ist.

Andere Arten des Leidens

Ferner müssen wir die Leiden der Trennung ertragen sowie die Leiden, dem zu begegnen, was wir nicht mögen und die Leiden, unsere Wünsche nicht erfüllen zu können. All dies schließt das Leiden der Armut und das Leiden, Unheil durch Menschen und Nichtmenschen sowie durch Wasser, Feuer, Wind und Erde zu erfahren, mit ein. Auch schon vor der endgültigen Trennung zum Zeitpunkt des Todes müssen wir uns oftmals vorübergehend von Menschen und Dingen, die wir gern haben, trennen und dies führt zu geistigem Schmerz. Vielleicht müssen wir unsere Heimat verlassen und damit alle unsere Freunde und Verwandten. Vielleicht müssen wir uns von der Arbeit trennen, die uns gefällt. Möglicherweise verlieren wir unseren guten Ruf. Das Unglück, uns von Menschen, die wir mögen, trennen zu müssen oder Dinge, die uns erfreuen und gefallen, zu verlieren oder auf sie verzichten zu müssen, trifft uns oft in diesem Leben. Der Tod jedoch trennt uns für immer von all unseren Gefährten und allen Freuden dieses Lebens und von allen äußeren und inneren Bedingungen für unsere Dharma Praxis.

Oft begegnen wir Menschen, die wir nicht mögen, und müssen mit ihnen leben. Oder wir begegnen Umständen, die uns unangenehm sind. Vielleicht geraten wir in große Gefahren wie Brände, Überschwemmungen oder in Ausbrüche von Gewalt in Aufständen und Kriegen. Im Moment erleben wir genügend weniger extreme Umstände, die uns aber dennoch lästig sind. Oft können wir nicht das tun, was wir wollen. So machen wir uns an einem sonnigen Tag zum Strand auf und bleiben in einem Stau stecken. Ständig stört der innere Dämon der Verblendungen unseren Geist und unsere spirituelle Praxis. Zahllose Umstände vereiteln unsere Pläne und hindern uns daran, das zu tun, was wir wollen. Es ist, als würden wir nackt in einem Dornbusch leben. Sobald wir uns bewegen, fühlen wir uns durch die Umstände verletzt. Menschen und Dinge sind wie Dornen, die sich in unser Fleisch bohren. Es gibt keine Situation, in der wir uns ganz und gar wohlfühlen. Je mehr Wünsche wir haben, je mehr Pläne wir machen, desto größer sind die Enttäuschungen. Je mehr wir bestimmte Umstände möchten, umso mehr geraten wir in Umstände, die wir nicht möchten. Jeder Wunsch scheint sein eigenes Hindernis hervorzurufen. Unerwünschtes kommt auf uns zu, ohne dass wir danach Ausschau halten. Das einzige, was tatsächlich mühelos entsteht, ist das, was wir nicht wollen. Niemand möchte sterben, doch der Tod kommt mühelos. Niemand möchte krank sein, doch die Krankheit kommt mühelos. Weil wir ohne Wahl und Kontrolle wiedergeboren wurden, haben wir einen unreinen Körper und bewohnen eine unreine Umgebung. Deshalb ergießt sich Unerfreuliches über uns. Ein solches Leben ist für uns ganz natürlich, das ist Samsara.

Unsere Wünsche sind zahllos. Doch wie sehr wir uns auch anstrengen, nie haben wir das Gefühl, dass sie erfüllt werden. Sogar wenn wir bekommen, was wir wollen, bekommen wir es nicht so, wie wir es wollen. Wir besitzen zwar das Objekt, doch es zu besitzen befriedigt uns nicht. Vielleicht träumen wir davon reich zu werden. Aber sind wir dann wirklich reich, ist unser Leben bei weitem nicht so, wie wir uns das vorgestellt hatten. Es fühlt sich nicht so an, als sei unser Wunsch in Erfüllung gegangen. Das ist so, weil unsere Wünsche nicht abnehmen, wenn unser Reichtum zunimmt. Je größer unser Reichtum ist, desto größer werden unsere Wünsche. Den Reichtum, den wir suchen, können wir nicht finden, denn wir suchen etwas, das unsere Wünsche stillt, aber das kann auch kein noch so großer Reichtum. Was noch schlimmer ist: Dadurch, dass wir bekommen, was wir begehren, entstehen neue Gelegenheiten für Unzufriedenheit. Alles, was wir uns wünschen, zieht etwas an, das wir uns nicht wünschen. Reichtum ist verbunden mit höheren Steuern, Unsicherheit und riskanten finanziellen Angelegenheiten. Das sind die unerwünschten Extras. Sie hindern uns daran, dass wir jemals vollkommen zufrieden sind. Vielleicht träumen wir von einem Urlaub in der Südsee. Verbringen wir aber tatsächlich unseren Urlaub dort, dann werden unsere Erlebnisse nie ganz mit unseren Erwartungen übereinstimmen. Vielleicht bekommen wir einen Sonnenbrand, geben zu viel Geld aus oder irgendetwas anderes Unerfreuliches geschieht.

Warum ist das so? Prüfen wir es nach, dann werden wir sehen, dass unsere Wünsche maßlos sind. Wir wollen immer das Beste, was Samsara zu bieten hat: die beste Arbeit, den besten Partner, den besten Ruf, das beste Haus, das beste Auto, den besten Urlaub. Alles, was nicht das Beste ist, hinterlässt ein Gefühl der Enttäuschung. Wir suchen weiter und finden doch nie das, was wir uns wünschen. Kein weltliches Vergnügen kann uns die vollständige und vollkommene Befriedigung geben, die wir begehren. Ständig wird etwas Besseres hergestellt. Überall verspricht die Werbung, dass gerade jetzt das absolut Beste auf den Markt gekommen ist. Und was geschieht dann? Einige Tage später wird ein neues «Bestes» präsentiert. Und es ist besser als «das Beste», das vor einigen Tagen angepriesen wurde. So gibt es kein Ende an neuen Dingen, die unsere Wünsche anfachen.

Schulkinder können ihren eigenen und den Ehrgeiz ihrer Eltern nicht zufriedenstellen. Selbst die Klassenbesten sind nie ganz zufrieden, außer sie können im nächsten Jahr wieder an der Spitze stehen. Solange sie Erfolg haben, treibt ihr Ehrgeiz sie an. Den Punkt, an dem sie sich ausruhen und das Gefühl haben könnten mit dem Erreichten vollkommen zufrieden zu sein, den gibt es nicht.

Vielleicht glauben wir, dass zumindest die Menschen auf dem Land, die ein einfaches Leben führen, zufrieden sind. Schauen wir aber genauer hin, dann sehen wir, dass auch Bauern ständig auf der Suche sind und nicht das bekommen, was sie sich wünschen. Auch sie haben viele Probleme und Sorgen und finden keinen wirklichen Frieden und Zufriedenheit. Ihr Leben ist von vielen Faktoren, wie zum Beispiel dem Wetter, abhängig, auf die sie keinen Einfluss haben. Bauern sind nicht weniger unzufrieden als Geschäftsleute in der Stadt. Die Geschäftsleute sehen schick und tüchtig aus, wenn sie morgens mit ihren Aktenkoffern zur Arbeit gehen. Äußerlich wirken sie sehr souverän, doch tragen auch sie in ihren Herzen eine große Unzufriedenheit, denn sie sind immer auf der Suche und finden nicht, was sie sich wünschen.

Erlange dauerhafte Befreiung aus diesem Kreislauf von Samsara, wo es kein wahres Glück gibt

Nun könnten wir vielleicht zu dem Schluss kommen, dass wir finden, was wir suchen, wenn wir unseren gesamten Besitz aufgeben. Das ist ein Trugschluss. Auch arme Menschen suchen und finden nicht, was sie sich wünschen. Viele arme Menschen haben sogar Schwierigkeiten das Lebensnotwendigste zu finden. In dieser Welt erfahren Millionen Menschen die Leiden extremer Armut.

Das Leiden der Unzufriedenheit können wir auch nicht durch ständiges Ändern der Umstände überwinden. Oft glauben wir, dass wir nur rechtzeitig unseren Partner, unsere Arbeit oder unseren Wohnort wechseln müssen, um zu finden, was wir uns wünschen. Aber selbst wenn wir an jeden Ort dieses Planeten reisen würden und an jedem Ort einen neuen Geliebten hätten, wir würden immer weiter nach einem anderen Ort und einem neuen Partner suchen. Das ist so, weil es in Samsara keine wirkliche Erfüllung unserer Wünsche gibt.

Wann immer wir jemanden sehen, ob in hoher oder niedriger Stellung, Mann oder Frau, unterscheiden sie sich lediglich in ihrer Erscheinung, ihrer Kleidung, ihrem Benehmen und ihrem Status. In ihrer Essenz sind sie alle gleich - sie alle haben Probleme in ihrem Leben. Wenn wir ein Problem haben, glauben wir, dass es durch unsere besonderen Umstände verursacht wurde und verschwinden wird, wenn wir die Umstände ändern. Wir geben anderen die Schuld, unseren Freunden, unserer Nahrung, unserer Regierung, unserer Zeit, dem Wetter, der Gesellschaft, der Geschichte usw. Doch solche äußeren Umstände sind nicht die Hauptursache unserer Probleme. Wir müssen erkennen, dass alle körperlichen Leiden und geistigen Schmerzen, die wir erfahren, Folgen unserer Wiedergeburt sind, die vom inneren Gift der Verblendungen verunreinigt ist. Menschen müssen viele Arten von menschlichem Leiden ertragen, weil sie eine verunreinigte menschliche Wiedergeburt angenommen haben. Tiere müssen das Leiden der Tiere ertragen, weil sie eine verunreinigte Wiedergeburt als Tier angenommen haben. Hungrige Geister und Höllenwesen müssen ihre eigenen Leiden ertragen, weil sie eine verunreinigte Wiedergeburt als hungrige Geister oder Höllenwesen genommen haben. Selbst Götter sind nicht ohne Leiden. Auch sie haben eine verunreinigte Wiedergeburt angenommen. Jemand, der von einem rasenden Feuer eingeschlossen ist, empfindet große Angst. Genauso sollten wir uns vor den unerträglichen Leiden des endlosen Kreislaufs unreinen Lebens fürchten. Diese Furcht ist echte Entsagung. Sie entsteht aus unserer Weisheit.

MEDITATION

Als vorbereitende Übung rezitieren wir die *Gebete für die Meditation* und konzentrieren uns dabei auf ihre Bedeutung. Dann kontemplieren wir:

> *Solange ich nicht Befreiung aus Samsara – dem Kreislauf verunreinigter Wiedergeburt – erlange, muss ich immer wieder, Leben für Leben, endlos Leiden erfahren; die Leiden von Geburt, Krankheit, Altern und Tod, der Trennung von dem, was ich mag, der Begegnung mit dem, was ich nicht mag und das Scheitern des Versuchs, meine Wünsche zu erfüllen.*

Haben wir wiederholt über diesen Punkt nachgedacht, fassen wir den festen Entschluss: «Ich muss Samsara aufgeben und den höchsten inneren Frieden der Befreiung erlangen.»

Dieser Entschluss ist das Objekt unserer Meditation. Wir halten ihn, ohne ihn zu vergessen. Unser Geist sollte eingerichtet so lange wie möglich auf diesem Entschluss verweilen. Wenn wir das Objekt unserer Meditation verlieren, erneuern wir es, indem wir uns sofort wieder an unseren Entschluss erinnern oder die Kontemplation wiederholen.

Am Ende der Meditationssitzung widmen wir die durch die Meditation angesammelten Tugenden dafür, die Verwirklichung von Entsagung zu gewinnen und Erleuchtung zum Wohle aller Lebewesen zu erlangen.

In der Meditationspause versuchen wir niemals unseren Entschluss zu vergessen, Samsara aufzugeben und Befreiung zu erlangen. Wenn wir in schwierigen Umständen sind oder Lebewesen sehen, die in Schwierigkeiten sind, sollte uns das an die Nachteile Samsaras erinnern. Auch wenn alles gut läuft, lassen wir uns nicht täuschen. Dann denken wir daran, dass die Vergnügen Samsaras kurzlebig und trügerisch sind. So wird jede Erfahrung des täglichen Lebens unsere Entsagung vertiefen.

Die eigentliche Methode Samsara aufzugeben und Befreiung zu erlangen, ist die Praxis der drei höheren Schulungen – Schulung in moralischer Disziplin, Konzentration und Weisheit, die durch Entsagung motiviert sind. Nutzen wir den Körper der moralischen Disziplin, die Hand der Konzentration und die Axt der Leerheit realisierenden Weisheit, können wir den giftigen Baum unseres Festhaltens am Selbst fällen und alle seine Äste, die anderen Verblendungen, zerstören. So werden wir immerwährenden inneren Frieden erfahren – die eigentliche Befreiung, Nirvana.

Komm unter den großen Schirm des Buddhismus

Die große Ausrichtung

Tag und Nacht sollten wir Entsagung bewahren, den Wunsch Samsara aufzugeben und Befreiung zu erlangen. Dieser Wunsch ist der Hauptpfad zur Befreiung und die Grundlage für fortgeschrittene Verwirklichungen. Dennoch sollten wir uns nicht damit zufrieden geben, nur unsere eigene Befreiung anzustreben. Wir müssen uns auch um das Wohl anderer Lebewesen kümmern. Unzählige Wesen sind im Gefängnis Samsaras gefangen und müssen unvorstellbares Leiden erfahren. Jeder von uns ist nur ein Einzelner, während die anderen zahllos sind. Darum ist das Glück anderer viel wichtiger als unser eigenes. Aus diesem Grund müssen wir in den Mahayanapfad, die höchste Methode allen Lebewesen zu helfen, eintreten. Mahayana bedeutet «großes Fahrzeug zur Erleuchtung». Die Erzeugung des Geistes, der spontan Erleuchtung zum Wohle aller Lebewesen anstrebt, ist das Tor, durch das wir den Mahayanapfad betreten. Dieser kostbare Geist wird «Bodhichitta» genannt.

7. GLEICHMUT ENTWICKELN

Das Ziel dieser Meditation ist, unseren Geist von unausgewogenen Einstellungen zu befreien. Sie sind das hauptsächliche Hindernis für die Entwicklung essenzieller Mahayana Verwirklichungen wie unvoreingenommene Liebe, Mitgefühl und Bodhichitta. Unsere Gefühle anderen gegenüber sind normalerweise unausgeglichen. Sehen wir einen Freund oder jemanden, den wir besonders anziehend finden, dann freuen wir uns. Begegnen wir jedoch einem Feind oder einem abstoßenden Menschen, empfinden wir ihm oder ihr gegenüber Abneigung. Treffen wir einen Unbekannten oder jemanden, den wir weder anziehend noch abstoßend finden, bleiben wir gleichgültig. So lange wir diese unausgeglichenen Einstellungen haben, gleicht unser Geist einem steinigen Feld, auf dem keine Mahayana Verwirklichungen gedeihen können. Unsere erste Aufgabe ist es deshalb, unseren Geist von diesen unausgeglichenen Einstellungen zu befreien und echten Gleichmut zu entwickeln – eine gleichmäßig warmherzige und freundliche Einstellung gegenüber allen Lebewesen.

MEDITATION

Als vorbereitende Übung rezitieren wir die *Gebete für die Meditation* und konzentrieren uns dabei auf ihre Bedeutung. Dann kontemplieren wir:

> *Es ergibt keinen Sinn Anhaftung für jemanden zu empfinden, der anziehend erscheint, Abneigung für jemanden zu empfinden, der abstoßend erscheint oder Gleichgültigkeit für*

jemanden zu empfinden, der weder anziehend noch abstoßend zu sein scheint. Jemand, der mir als anziehend erscheint, kann für andere ein Objekt der Abneigung sein. Jemand, den ich als abstoßend empfinde, kann ein Objekt der Anhaftung für andere sein. Und jemand, der mir gleichgültig ist, kann ein Objekt der Anhaftung oder Abneigung für andere sein. Nichts ist festgelegt. Die Erscheinungen von Attraktivität, Unattraktivität und Indifferenz sind lediglich meine eigenen fehlerhaften Projektionen. Durch sie wird mein Geist unausgeglichen und unfriedlich und sie zerstören mein Glück.

Haben wir wiederholt über diese Punkte nachgedacht, fassen wir den festen Entschluss: «Ich muss diese unausgeglichenen Geisteszustände aufgeben und Gleichmut, eine gleichmäßig warmherzige und freundliche Einstellung gegenüber allen Lebewesen, entwickeln und bewahren.» Unser Entschluss führt zu einem warmherzigen und freundlichen Gefühl für ausnahmslos alle Lebewesen. Dieses Gefühl von Gleichmut ist das Objekt unserer Meditation. Wir halten es, ohne es zu vergessen. Unser Geist sollte eingerichtet so lange wie möglich auf diesem Gefühl von Gleichmut verweilen. Wenn wir das Objekt unserer Meditation verlieren, erneuern wir es, indem wir uns sofort an unseren Entschluss erinnern oder die Kontemplation wiederholen.

Am Ende der Meditationssitzung widmen wir die durch diese Meditation angesammelten Tugenden dafür, die Verwirklichung von Gleichmut zu gewinnen und Erleuchtung zum Wohle aller Lebewesen zu erlangen.

In der Meditationspause bewahren wir Tag und Nacht dieses Gefühl von Gleichmut, indem wir in unserem Herzen ein

Bewahre zu jeder Zeit Harmonie und Freude

warmes Gefühl der Zuneigung für alle, denen wir begegnen oder an die wir denken, bewahren. Gelingt uns dies, dann gibt es keine Grundlage für Probleme der Anhaftung oder Wut und unser Geist wird jederzeit friedvoll sein.

8. ERKENNEN, DASS ALLE LEBEWESEN UNSERE MÜTTER SIND

Um Bodhichitta zu erzeugen, den Hauptpfad zur Erleuchtung, brauchen wir allumfassendes Mitgefühl und wertschätzende Liebe und diese hängt von zuneigungsvoller Liebe ab. Um unsere zuneigungsvolle Liebe für alle Lebewesen zu stärken, beginnen wir mit der Kontemplation, dass alle Lebewesen unsere Mütter sind.

Es ist unmöglich, einen Anfang unseres Geisteskontinuums zu finden. Deshalb müssen wir in der Vergangenheit unzählige Male wiedergeboren worden sein. Wenn wir zahllose Wiedergeburten hatten, müssen wir zahllose Mütter gehabt haben. Wo sind all jene Mütter jetzt? Es sind alle Lebewesen, die heute leben.

Es ist falsch zu behaupten, die Mütter aus früheren Leben seien jetzt nicht mehr unsere Mütter, nur weil es lange her ist, seit sie tatsächlich für uns sorgten. Würde unsere Mutter heute sterben, wäre sie dann nicht mehr unsere Mutter? Natürlich würden wir sie immer noch als unsere Mutter betrachten und würden für ihr Wohlergehen beten. Das gleiche gilt für all unsere früheren Mütter: Sie sind gestorben, bleiben aber dennoch unsere Mütter. Es liegt nur an den Veränderungen unserer äußeren Erscheinung, dass wir uns nicht erkennen.

Im täglichen Leben sehen wir viele verschiedene Lebewesen, menschliche und nichtmenschliche. Einige betrachten wir als Freunde, andere als Feinde und die meisten als Fremde. Diese Unterscheidungen trifft unser fehlerhafter, nicht unser gültiger Geist. Anstatt solchen fehlerhaften Geisteshaltungen zu folgen, sollten wir besser alle Lebewesen als unsere Mütter ansehen. Bei jedem, dem wir begegnen, sollten wir denken: «Dies ist meine Mutter» und für alle Lebewesen ein gleichermaßen warmherziges Gefühl empfinden.

Betrachten wir alle Lebewesen als unsere Mütter, dann fällt es uns leicht, reine Liebe und Mitgefühl zu empfinden. Unsere alltäglichen Beziehungen zu anderen werden rein und stabil sein und wir werden ganz natürlich negative Handlungen vermeiden, wie andere Lebewesen töten oder ihnen schaden. Weil es so hilfreich ist, alle Lebewesen als unsere Mütter anzusehen, sollten wir ohne zu zögern in dieser Weise denken.

MEDITATION

Als vorbereitende Übung rezitieren wir die *Gebete für die Meditation* und konzentrieren uns dabei auf ihre Bedeutung. Dann kontemplieren wir:

> *Es ist unmöglich, einen Anfang meines Geisteskontinuums zu finden. Daraus folgt, dass ich in der Vergangenheit zahllose Wiedergeburten hatte. Und wenn ich zahllose Wiedergeburten hatte, muss ich zahllose Mütter gehabt haben. Wo sind alle diese Mütter jetzt? Es sind alle Wesen die heute leben.*

Wir denken immer wieder über diese Punkte nach und gelangen zu der klaren Erkenntnis, dass alle Lebewesen unsere Mütter sind. Diese Erkenntnis ist das Objekt unserer Meditation. Wir halten sie, ohne sie zu vergessen. Unser Geist sollte eingerichtet so lange wie möglich darauf verweilen. Wenn wir das Objekt unserer Meditation verlieren, erneuern wir es, indem wir uns sofort an unsere Erkenntnis erinnern oder die Kontemplation wiederholen.

Am Ende der Meditationssitzung widmen wir die durch die Meditation angesammelten Tugenden dafür, die Verwirklichung zu gewinnen, in allen Lebewesen unsere Mütter zu sehen, sowie die Erleuchtung zum Wohle aller Lebewesen zu erlangen.

In der Meditationspause bewahren wir unsere Erkenntnis Tag und Nacht. Jedes Lebewesen, dem wir begegnen, selbst Tiere, Insekten und sogar unsere Feinde, sollten wir als unsere Mutter betrachten. Anstatt Menschen in Freunde, Feinde oder Fremde einzuteilen, bemühen wir uns, sie alle in gleicher Weise als unsere Mütter zu sehen. So überwinden wir die schädlichen Einstellungen von Anhaftung, Wut und Gleichgültigkeit.

9. SICH AN DIE GÜTE DER LEBEWESEN ERINNERN

Nun, da wir überzeugt sind, dass alle Lebewesen unsere Mütter sind, denken wir über die immense Güte nach, die wir von ihnen erhalten haben, als sie unsere Mütter waren. Wir denken aber auch an die Güte, die sie uns zu allen anderen Zeiten erwiesen haben.

Hätte unsere Mutter uns nicht gewollt, dann hätte sie nach unserer Empfängnis eine Abtreibung vornehmen lassen und wir besäßen jetzt nicht dieses menschliche Leben. Sie aber war so gütig, uns in ihren Mutterschoß aufzunehmen. Deshalb erfreuen wir uns nun eines menschlichen Lebens mit all seinen Vorzügen. Hätte sie uns als Kleinkind nicht ständig ihre Fürsorge und Aufmerksamkeit gewidmet, dann hätten wir sicher einen Unfall gehabt und könnten jetzt behindert oder blind sein. Glücklicherweise hat unsere Mutter uns nie vernachlässigt. Tag und Nacht hat sie sich liebevoll um uns gekümmert, mehr als um sich selbst. Sie hat uns Tag für Tag oftmals das Leben gerettet. In der Nacht unterbrach sie unseretwegen ihren Schlaf und tagsüber gab sie ihre lieb gewonnenen Gewohnheiten auf. Sie gab ihren Beruf auf und blieb zu Hause, wenn ihre Freunde ausgingen und sich vergnügten. Sie verwandte ihr ganzes Geld für uns und gab uns die beste Nahrung, die beste Kleidung, die sie sich leisten konnte. Sie brachte uns bei, wie man isst, geht und spricht. Sie sorgte sich um unsere Zukunft und tat ihr Bestes, uns eine gute Ausbildung zu ermöglichen. Dank ihrer Güte können wir jetzt lernen, was wir wollen. Wir verdanken es hauptsächlich der Güte unserer Mutter, dass wir jetzt die Möglichkeit haben, Dharma zu praktizieren und schließlich Erleuchtung zu erlangen.

Nimm die kostbaren Juwelen von Weisheit und Mitgefühl aus der Schatzvase des Kadamdharma

DIE GROSSE AUSRICHTUNG

Es gibt niemanden, der nicht zu irgendeiner Zeit in unseren früheren Leben unsere Mutter war. Und alle unsere früheren Mütter schenkten uns dieselbe Güte wie die Mutter dieses Lebens. Deshalb sind alle Lebewesen sehr gütig.

Die Güte der Lebewesen beschränkt sich aber nicht nur auf die Zeiten, als sie unsere Mütter waren. Alle unsere täglichen Bedürfnisse werden ständig dank der Güte anderer Lebewesen gestillt. Aus unserem früheren Leben brachten wir nichts mit. Dennoch erhielten wir, kaum waren wir geboren, unverzüglich ein Heim, Nahrung, Kleidung und alles, was wir sonst noch brauchten. All dies stand uns durch die Güte anderer zur Verfügung. Alles, woran wir uns jetzt erfreuen, erhalten wir durch die frühere oder gegenwärtige Güte anderer.

Wir können sehr viele Dinge nutzen, ohne selbst viel dazu beizutragen. Denken wir nur an Einrichtungen wie Straßen, Autos, Züge, Flugzeuge, Schiffe, Häuser, Restaurants, Hotels, Bibliotheken, Krankenhäuser, Geschäfte, Geld und vieles mehr. Es ist offensichtlich, dass viele Menschen sehr fleißig gearbeitet haben, um all dies verfügbar zu machen. Obwohl wir wenig oder gar nichts dazu beigetragen haben, stehen uns diese Einrichtungen zur Verfügung. Dies zeigt die große Güte anderer.

Wir erhalten sowohl unsere allgemeine Ausbildung als auch unsere spirituelle Schulung von anderen. Alle unsere Dharma Verwirklichungen, von den allerersten Einsichten bis zur Erlangung der Befreiung und Erleuchtung, erreichen wir nur dank der Güte anderer.

MEDITATION

Als vorbereitende Übung rezitieren wir die *Gebete für die Meditation* und konzentrieren uns dabei auf ihre Bedeutung. Dann richten wir unsere Aufmerksamkeit auf alle Lebewesen und kontemplieren:

Alle Lebewesen brachten mir in früheren Leben, als ich ihr Kind war, die gleiche Güte entgegen wie meine Mutter in diesem Leben.

Die Güte der Lebewesen ist nicht auf die Zeit beschränkt, als sie meine Mütter waren. Alle meine täglichen Bedürfnisse werden ständig dank der Güte anderer gestillt. Meine Schulbildung, meine spirituelle Schulung und alle meine Dharma Verwirklichungen – von der ersten Einsicht bis zur Erlangung der Befreiung und Erleuchtung – sind abhängig von der Güte all jener Lebewesen.

Haben wir wiederholt über die Güte aller Lebewesen nachgedacht, entwickeln wir für alle ein tiefes Gefühl zuneigungsvoller Liebe. Dieses Gefühl ist das Objekt unserer Meditation. Wir halten es, ohne es zu vergessen. Unser Geist sollte eingerichtet so lange wie möglich auf diesem Gefühl zuneigungsvoller Liebe verweilen. Wenn wir das Objekt unserer Meditation verlieren, erneuern wir es, indem wir uns sogleich an unser Gefühl zuneigungsvoller Liebe erinnern oder die Kontemplation wiederholen.

Am Ende der Meditationssitzung widmen wir die durch die Meditation angesammelten Tugenden dafür, die Verwirklichung der zuneigungsvollen Liebe für alle Lebewesen zu gewinnen und Erleuchtung zum Wohle aller Lebewesen zu erlangen.

Während der Meditationspause bewahren wir bei allem, was wir tun, das Gefühl zuneigungsvoller Liebe für jedes Lebewesen, dem wir begegnen oder an das wir denken. Dieses besondere Gefühl bewahrt uns davor, anderen aus Wut oder Anhaftung zu schaden.

10. GLEICHSTELLEN VOM SELBST UND ANDEREN

Selbst und andere gleichstellen bedeutet, andere genauso zu schätzen wie uns selbst. Bis jetzt haben wir nur uns selbst geschätzt. Diese Meditation führt dazu, dass wir unser Gefühl der Wertschätzung mit anderen teilen, um uns selbst und andere gleichermaßen zu schätzen.

MEDITATION

Als vorbereitende Übung rezitieren wir die *Gebete für die Meditation* und konzentrieren uns dabei auf ihre Bedeutung. Dann kontemplieren wir:

Ich werde mich und andere in gleicher Weise schätzen – das heißt zu glauben, dass das Glück und die Freiheit von mir und allen anderen Lebewesen gleichermaßen wichtig ist – denn:

1. *Sowohl in diesem als auch in vorangegangenen Leben haben mir alle Lebewesen große Güte erwiesen.*
2. *Genau wie ich wünschen sich alle Lebewesen, frei von Leiden zu sein und nur Glück zu erfahren. In dieser Hinsicht unterscheide ich mich nicht von allen anderen Wesen; wir sind alle gleich.*
3. *Ich bin nur einer, die anderen Lebewesen sind unzählig viele. Wie kann ich dann nur um mich allein besorgt sein, während ich andere vernachlässige? Mein Glück und meine Leiden sind, im Vergleich zum Glück und Leiden unzähliger anderer Lebewesen, unbedeutend.*

Haben wir wiederholt über diese Punkte nachgedacht, entsteht in uns das Gefühl gleicher Wertschätzung für alle Lebewesen. Dieses Gefühl ist das Objekt unserer Meditation. Wir halten es, ohne es zu vergessen. Unser Geist sollte einsgerichtet so lange wie möglich auf diesem Gefühl verweilen. Wenn wir das Objekt unserer Meditation verlieren, erneuern wir es, indem wir uns sofort an unser Gefühl gleicher Wertschätzung für alle Lebewesen erinnern oder die Kontemplation wiederholen.

Am Ende der Meditationssitzung widmen wir die durch diese Meditation angesammelten Tugenden dafür, die Verwirklichung des Gleichstellens vom Selbst und anderen zu gewinnen und Erleuchtung zum Wohle aller Lebewesen zu erlangen.

Während der Meditationspause versuchen wir alle Lebewesen, denen wir begegnen oder an die wir denken, aufrichtig zu schätzen und ihr Glück und ihre Freiheit immer als sehr wichtig anzusehen. Schulen wir uns in dieser Weise, dann hören unsere alltäglichen Probleme auf, denn meistens entstehen sie, weil wir uns selbst für wichtiger halten als andere.

Genieße die Reinheit deines Geistes und deiner Handlungen

11. DIE NACHTEILE DER SELBSTWERTSCHÄTZUNG

Was genau ist Selbstwertschätzung? Selbstwertschätzung ist unser Geist, der denkt: «Ich bin wichtig», während er andere vernachlässigt. Wenn wir «ich» und «mein» denken, nehmen wir ein inhärent existierendes Ich wahr. Wir schätzen es und denken, dass sein Glück und seine Freiheit am wichtigsten sind. Das ist Selbstwertschätzung. Für uns zu sorgen ist aber keine Selbstwertschätzung. Wir müssen für uns selbst sorgen und uns um das Lebensnotwendige kümmern. Nur dann können wir uns beständig bemühen, den eigentlichen Sinn unseres Lebens zu erfüllen.

Selbstwertschätzung und das Festhalten am Selbst sind unterschiedliche Aspekte desselben Geistes. Das Festhalten am Selbst hält an einem inhärent existierenden «Ich» fest und die Selbstwertschätzung glaubt, dass solch ein «Ich» kostbar ist und sein Glück und seine Freiheit von höchster Wichtigkeit sind. Selbstwertschätzung ist unsere normale Sicht, die glaubt: «Ich bin wichtig» und «mein Glück und meine Freiheit sind wichtig», und die das Glück und die Freiheit anderer vernachlässigt. Sie ist Teil unserer Unwissenheit, denn in Wirklichkeit gibt es kein inhärent existierendes Ich. Trotzdem schätzt unser Geist der Selbstwertschätzung dieses Ich und glaubt, es sei das Wichtigste. Das ist ein törichter und täuschender Geist. Er stört ständig unseren inneren Frieden und hindert uns ernsthaft daran, den eigentlichen Sinn unseres Lebens als Mensch zu erfüllen. Dieser Geist der Selbstwertschätzung begleitet uns in all unseren Leben, seit anfangsloser Zeit, selbst im Schlaf und im Traum.

In *Leitfaden für die Lebensweise eines Bodhisattvas* sagt Shantideva:

> . . . alles Leiden dieser Welt
> Entsteht aus dem Wunsch, dass wir selbst glücklich
>   sind.

Leiden wird uns nicht als Strafe auferlegt. Leiden entsteht aus unserem Geist der Selbstwertschätzung, der wünscht selbst glücklich zu sein und der das Glück anderer vernachlässigt. Das können wir auf zwei Arten verstehen. Erstens ist der Geist der Selbstwertschätzung der Schöpfer allen Leidens und aller Probleme. Zweitens ist die Selbstwertschätzung die Grundlage, um Leiden und Probleme zu erfahren.

Wir leiden, weil wir in früheren Leben, motiviert durch eine selbstsüchtige Absicht – unsere Selbstwertschätzung – anderen durch unser Handeln Leiden zufügten. Ein Ergebnis dieser Handlungen ist, dass wir gegenwärtig Leiden und Probleme ertragen müssen. Deshalb können wir sagen, dass unsere Selbstwertschätzung der wahre Schöpfer all unserer Leiden und Probleme ist.

Dass wir gegenwärtig bestimmte Leiden und Probleme erfahren, hat eine besondere Verbindung zu bestimmten Handlungen in unseren früheren Leben. Dies ist sehr subtil. Diesen verborgenen Zusammenhang können wir nicht mit unseren Augen sehen. Doch wir können ihn durch Weisheit und insbesondere, indem wir uns auf Buddhas Lehren über Karma verlassen, verstehen. Im Grunde wissen wir alle, dass schlechtes Handeln zu schlechten Ergebnissen führt und gutes Handeln zu guten Ergebnissen.

Ebenso ist der Geist der Selbstwertschätzung die Grundlage für alle Leiden und Probleme, die wir erfahren. Wenn sich zum Beispiel die Wünsche der Menschen nicht erfüllen, dann leiden viele unter Depressionen, Entmutigung, Traurigkeit und geistigem Schmerz. Manche wollen sich sogar umbringen. Und dies nur, weil ihre Selbstwertschätzung glaubt, die eigenen Wünsche seien so wichtig. Deshalb ist in erster Linie ihre Selbstwertschätzung für ihre Probleme verantwortlich. Ohne Selbstwertschätzung gäbe es keine Grundlage für derartiges Leiden.

Wenn wir ernsthaft krank sind, können wir unser Leid nur schwer ertragen. Doch die Krankheit schadet uns nur, weil wir uns so schätzen. Leidet ein anderer an einer ähnlichen Krankheit, dann haben wir kein Problem. Warum? Weil wir ihn oder sie nicht schätzen. Wenn wir andere so schätzen würden wie uns selbst, könnten wir ihr Leiden ebenfalls nur schwer ertragen. Das ist Mitgefühl. Wie Shantideva sagt:

Das Leiden, das ich erfahre,
Schadet anderen nicht,
Aber ich kann es schwer ertragen,
Weil ich mich schätze.

Genauso schadet das Leiden anderer
Mir selbst nicht,
Doch wenn ich andere schätze,
Werde ich ihr Leiden schwer ertragen können.

Leben für Leben, seit anfangsloser Zeit, waren wir darauf bedacht, die Wünsche unseres selbstwertschätzenden Geistes zu erfüllen, denn wir glaubten, seine Sicht sei wahr. Wir bemühten uns sehr, Glück in äußeren Quellen zu finden, und doch haben wir heute nichts vorzuweisen. Wir haben unzählige frühere Leben vertan, weil uns die Selbstwertschätzung täuschte. Sie war es, die uns dazu verleitete, nur für uns selbst zu sorgen, und doch konnten wir nichts gewinnen. Dank dieses törichten Geistes blieben alle unsere früheren Leben leer. Als wir diese menschliche Wiedergeburt annahmen, brachten wir nichts mit außer Verblendungen. Und immer noch, jeden Moment, Tag für Tag, täuscht uns dieser Geist der Selbstwertschätzung.

MEDITATION

Als vorbereitende Übung rezitieren wir die *Gebete für die Meditation* und konzentrieren uns dabei auf ihre Bedeutung. Dann erinnern wir uns, wie oben erwähnt, an die vielen Fehler und Nachteile der Selbstwertschätzung und überlegen:

Nichts fügt mir größeren Schaden zu als dieser Dämon meiner Selbstwertschätzung. Sie ist die Quelle all meiner Negativität, meines Unglücks, meiner Probleme und Leiden.

Haben wir wiederholt über diesen Punkt nachgedacht, fassen wir den festen Entschluss: «Ich muss meine Selbstwertschätzung aufgeben.» Dieser Entschluss ist das Objekt unserer Meditation. Wir halten ihn, ohne ihn zu vergessen. Unser Geist sollte eingerichtet so lange wie möglich auf diesem Entschluss verweilen. Wenn wir das Objekt unserer Meditation verlieren, erneuern wir es, indem wir uns sofort an unseren Entschluss erinnern oder die Kontemplation wiederholen.

Am Ende der Meditationssitzung widmen wir die durch die Meditation angesammelten Tugenden dafür, die Verwirklichung der Nachteile der Selbstwertschätzung zu gewinnen und Erleuchtung zum Wohle aller Lebewesen zu erlangen.

Während der Meditationspause denken wir stets an die Fehler der Selbstwertschätzung. Indem wir uns immer wieder an den in der Meditation gefassten Entschluss erinnern, geben wir die Selbstwertschätzung allmählich auf. Wenn wir Schwierigkeiten haben oder Leiden erfahren, sollten wir weder anderen Menschen noch äußeren Umständen die Schuld geben. Wir sollten uns daran erinnern, dass alle unsere Probleme der Selbstwertschätzung zuzuschreiben sind. Unser Geist der Selbstwertschätzung ist letztlich dafür verantwortlich, wenn etwas schief geht. Schulen wir uns in dieser Weise, dann wird sich die Selbstwertschätzung, die Wurzel aller Fehler, allmählich verringern und schließlich ganz aufhören.

12. DIE VORTEILE, ANDERE ZU SCHÄTZEN

Wenn wir zutiefst glauben, dass andere wichtig sind und ihr Glück und ihre Freiheit wichtig sind, dann schätzen wir sie. Tun wir dies, dann werden wir gute Beziehungen zu anderen haben und in Harmonie mit ihnen leben. Unser tägliches Leben wird friedvoll und glücklich sein. Wir beginnen diese Praxis mit unserer Familie, unseren Freunden und denjenigen, die um uns sind. Allmählich entwickeln und bewahren wir dann wertschätzende Liebe für ausnahmslos alle Lebewesen.

In *Leitfaden für die Lebensweise eines Bodhisattvas* sagt Shantideva:

Alles Glück dieser Welt
Entsteht aus dem Wunsch, dass andere glücklich sind.

Denken wir gründlich darüber nach, so erkennen wir, dass unser gesamtes gegenwärtiges und zukünftiges Glück von unserer Wertschätzung für andere abhängt – dem Wunsch, dass andere glücklich sein mögen. Weil wir andere schätzen, handelten wir in unseren vergangenen Leben tugendhaft. Wir hielten uns davon zurück, andere zu töten oder ihnen zu schaden. Wir hörten auf, sie zu bestehlen und zu betrügen. Wir gaben ihnen materielle Hilfe und Schutz. Wir übten uns in Geduld. Als Folge dieser tugendhaften Handlungen haben wir nun dieses kostbare menschliche Leben erlangt, mit der Gelegenheit, menschliche Freuden zu erleben.

DIE GROSSE AUSRICHTUNG

Eine unmittelbare Auswirkung der Wertschätzung anderer wird sein, dass viele unserer täglichen Probleme, die aus Wut, Neid und selbstsüchtigem Verhalten entstehen, verschwinden. Unser Geist wird ruhig und friedvoll. Unsere Art zu handeln wird rücksichtsvoller. Daher werden wir anderen Freude bereiten und uns nicht in Streit und Konflikte verstricken. Schätzen wir andere, werden wir darum bemüht sein, ihnen eher zu helfen als zu schaden. Dies wird dazu führen, dass wir ganz natürlich nichttugendhafte Handlungen vermeiden. Stattdessen werden wir positive Handlungen ausführen wie Mitgefühl, Liebe und Geduld. Wir werden anderen materielle Hilfe und Schutz geben und durch all dies die Ursachen schaffen, in Zukunft reines und immerwährendes Glück zu erfahren.

Schätzen wir alle anderen Lebewesen so wie uns selbst, können wir insbesondere ihre Leiden nur schwer ertragen. Dieses Gefühl, dass die Leiden aller anderen Lebewesen unerträglich sind, ist allumfassendes Mitgefühl. Es wird uns rasch zum reinen und immerwährenden Glück der Erleuchtung führen. Genauso wie alle früheren Buddhas werden auch wir von der Mutter, dem allumfassenden Mitgefühl, als erleuchteter Buddha geboren. Das ist der Grund, warum wir sehr schnell Erleuchtung erlangen werden, wenn wir alle Lebewesen wertschätzen.

MEDITATION

Als vorbereitende Übung rezitieren wir die *Gebete für die Meditation* und konzentrieren uns dabei auf ihre Bedeutung. Dann kontemplieren wir:

Der kostbare Geist, der alle Lebewesen schätzt, beschützt sowohl mich als auch andere vor Leiden. Er schenkt mir reines und immerwährendes Glück. Er erfüllt meine Wünsche und die aller anderen.

Haben wir wiederholt über diesen Punkt nachgedacht, fassen wir den festen Entschluss: «Ich muss immer und ausnahmslos alle Lebewesen schätzen.» Dieser Entschluss ist das Objekt unserer Meditation. Wir halten ihn, ohne ihn zu vergessen. Unser Geist sollte eingerichtet so lange wie möglich auf diesem Entschluss verweilen. Wenn wir das Objekt unserer Meditation verlieren, erneuern wir es, indem wir uns sofort an unseren Entschluss erinnern oder die Kontemplation wiederholen.

Am Ende der Meditationssitzung widmen wir die durch die Meditation angesammelten Tugenden dafür, die Verwirklichung, andere zu schätzen, zu gewinnen und Erleuchtung zum Wohle aller Lebewesen zu erlangen.

Während der Meditationspause vergessen wir niemals unseren Entschluss, alle Lebewesen zu schätzen und setzen ihn in die Praxis um. Das bedeutet, dass wir tatsächlich jedes einzelne Lebewesen, auch die Tiere, wertschätzen.

13. AUSTAUSCHEN VOM SELBST MIT ANDEREN

Das Ziel dieser Meditation ist, das Selbst mit anderen auszutauschen. Das bedeutet, das Objekt unserer Wertschätzung zu wechseln, sodass wir unsere Selbstwertschätzung aufgeben und nur noch andere wertschätzen.

MEDITATION

Als vorbereitende Übung rezitieren wir die *Gebete für die Meditation* und konzentrieren uns dabei auf ihre Bedeutung. Dann kontemplieren wir:

Seit anfangsloser Zeit, Leben für Leben, war ich Sklave meines selbstwertschätzenden Geistes. Ihm habe ich bedingungslos vertraut und jeden seiner Befehle befolgt. Ich habe geglaubt, ich könne meine Probleme lösen und Glück finden, wenn ich mich immer zuerst um mich selbst kümmern würde. Ich habe so fleißig und so lange für mein eigenes Wohl gearbeitet. Doch was habe ich jetzt vorzuweisen? Habe ich alle meine Probleme gelöst? Habe ich das immerwährende Glück gefunden, nach dem ich mich sehne? Nein. Es war offensichtlich eine Täuschung, meinen selbstsüchtigen Interessen nachzujagen. So viele Leben lang habe ich meiner Selbstwertschätzung gefrönt. Jetzt ist die Zeit gekommen zu erkennen, dass das einfach nicht funktioniert. Jetzt ist die Zeit gekommen, das Objekt meiner Wertschätzung auszutauschen, weg von mir und hin zu allen Lebewesen.

Haben wir wiederholt über diese Punkte nachgedacht, fassen wir den festen Entschluss: «Ich muss damit aufhören, mich selbst zu schätzen, und stattdessen ausnahmslos alle anderen Lebewesen schätzen.» Dieser Entschluss ist das Objekt unserer Meditation. Wir halten ihn, ohne ihn zu vergessen. Unser Geist sollte eingerichtet so lange wie möglich auf diesem Entschluss verweilen. Wenn wir das Objekt unserer Meditation verlieren, erneuern wir es, indem wir uns sofort an unseren Entschluss erinnern oder die Kontemplation wiederholen.

Am Ende der Meditationssitzung widmen wir die durch diese Meditation angesammelten Tugenden dafür, die Verwirklichung des Austauschens vom Selbst mit anderen zu gewinnen und Erleuchtung zum Wohle aller Lebewesen zu erlangen.

Während der Meditationspause bewahren wir den in der Meditation gefassten Entschluss und setzen ihn um. Wir versuchen, nicht länger unserer gewohnheitsmäßigen Haltung der Selbstwertschätzung zu folgen, sondern stattdessen aufrichtig andere Lebewesen zu schätzen. Sind wir mit dem Austauschen vom Selbst mit anderen vertraut geworden, dann können wir alle Schmerzen oder Schwierigkeiten wie Krankheit, Verlust oder Kritik freudig annehmen und unsere Erfolge und guten Bedingungen anderen anbieten.

14. GROSSES MITGEFÜHL

Großes Mitgefühl ist ein Geist, der sich aufrichtig wünscht, alle Lebewesen dauerhaft von Leiden zu befreien. Auf der Grundlage, alle Lebewesen zu schätzen, denken wir über die Tatsache nach, wie sehr alle Lebewesen den Kreislauf körperlichen Leidens und geistiger Schmerzen Leben für Leben, endlos erfahren. Wir sehen ihr Unvermögen, sich selbst von Leiden zu befreien, ihren Mangel an Freiheit. Und wir sehen, wie sie durch negatives Handeln immer wieder die Ursachen für zukünftiges Leiden schaffen. So entsteht in uns tiefes Mitgefühl. Wir müssen uns in die anderen einfühlen und ihren Schmerz so deutlich spüren wie unseren eigenen.

Niemand möchte leiden. Doch aus Unwissenheit, indem sie nichttugendhaft handeln, erschaffen die Lebewesen Leiden. Deshalb sollte unser Mitgefühl für alle Lebewesen, ohne Ausnahme, gleich stark sein. Es gibt kein einziges Lebewesen, das nicht ein geeignetes Objekt unseres Mitgefühls ist.

Alle Lebewesen leiden, weil sie eine verunreinigte Wiedergeburt angenommen haben. Die Menschen haben keine Wahl, sie müssen ungemein viel menschliches Leiden erfahren, einfach deshalb, weil sie eine menschliche Wiedergeburt angenommen haben, die durch das innere Gift der Verblendungen verunreinigt ist. In gleicher Weise müssen die Tiere das Leiden der Tiere erdulden und hungrige Geister und Höllenwesen müssen all die Leiden ihrer jeweiligen Bereiche ertragen. Das wäre nicht so schlimm, wenn sie all dies Leiden nur ein einziges Leben lang erdulden müssten. Doch der Kreislauf des Leidens hört nicht auf. Er setzt sich Leben für Leben, endlos fort.

Lausche dem kostbaren Klang der Muschel des Dharmas und kontempliere und meditiere über seine Bedeutung

DIE GROSSE AUSRICHTUNG

Um Entsagung zu entwickeln, haben wir zuvor darüber nachgedacht, wie wir in unseren zahllosen zukünftigen Leben die unerträglichen Leiden von Tieren, hungrigen Geistern, Höllenwesen, Menschen, Halbgöttern und Göttern erfahren müssen. Um für alle Lebewesen, unsere Mütter, Mitgefühl zu entwickeln, betrachten wir nun an dieser Stelle, wie sie in ihren zahllosen zukünftigen Leben die unerträglichen Leiden von Tieren, hungrigen Geistern, Höllenwesen, Menschen, Halbgöttern und Göttern erfahren müssen.

MEDITATION

Als vorbereitende Übung rezitieren wir die *Gebete für die Meditation* und konzentrieren uns dabei auf ihre Bedeutung. Wir stellen uns vor, dass unsere Eltern dieses Lebens an unserer Seite sind und um sie herum sind alle Lebewesen der sechs Bereiche in menschlicher Gestalt. Dann richten wir unsere Aufmerksamkeit auf all diese Lebewesen und kontemplieren:

Ich kann das Leiden dieser unzähligen Mutterwesen nicht ertragen. Im weiten und tiefen Ozean Samsaras, dem Kreislauf verunreinigter Wiedergeburt ertrinkend, müssen sie in diesem und in unzähligen zukünftigen Leben unerträgliches körperliches Leiden und geistige Schmerzen erfahren. Ich muss all diese Lebewesen dauerhaft von ihren Leiden befreien.

Haben wir wiederholt über diesen Punkt nachgedacht, entsteht in uns der starke Entschluss, alle Lebewesen dauerhaft von verunreinigter Wiedergeburt und Leiden zu befreien. Dieser Entschluss ist das Objekt unserer Meditation. Wir halten diesen Geist großen oder allumfassenden Mitgefühls, ohne ihn zu vergessen. Unser Geist sollte eingerichtet so lange wie möglich darauf verweilen. Wenn wir das Objekt unserer Meditation verlieren, erneuern wir es, indem wir uns sofort an unseren Wunsch erinnern, alle Lebewesen von Leiden zu befreien, oder die Kontemplation wiederholen.

Am Ende der Meditationssitzung widmen wir die durch diese Meditation angesammelten Tugenden dafür, die Verwirklichung des großen Mitgefühls zu gewinnen und Erleuchtung zum Wohle aller Lebewesen zu erlangen.

Während der Meditationspause versuchen wir, Tag und Nacht ein mitfühlendes Herz zu bewahren. Immer wenn wir die Leiden anderer sehen oder davon hören, vertiefen wir unser Mitgefühl. Außerdem versuchen wir, wann immer es möglich ist, praktisch zu helfen. Wir können zum Beispiel Tiere retten, deren Leben in Gefahr ist. Wir können Verzweifelte trösten oder den Schmerz der Kranken lindern.

15. NEHMEN

Das Ziel dieser Meditation ist, unseren Geist von selbstsüchtigen und negativen Handlungen zu reinigen, viele Verdienste anzusammeln und insbesondere die Kraft unserer mitfühlenden Handlungen zu stärken. «Nehmen» bedeutet in diesem Zusammenhang, motiviert durch großes Mitgefühl, die Leiden anderer auf uns zu nehmen – und zwar sowohl geistig als auch körperlich. Während der Meditation nehmen wir das Leiden anderer geistig auf uns, indem wir unsere Vorstellungskraft nutzen. Nachdem wir tiefe Erfahrungen in dieser Meditation gemacht haben, werden wir fähig sein, unser eigenes Leiden freudvoll anzunehmen, um dadurch alle anderen Lebewesen von ihren Leiden zu befreien. In dieser Weise nehmen wir dann körperlich das Leiden anderer auf uns.

MEDITATION

Als vorbereitende Übung rezitieren wir die *Gebete für die Meditation* und konzentrieren uns dabei auf ihre Bedeutung. Dann üben wir wie folgt:

Zuerst erzeugen wir die höhere Absicht: «Ich selbst werde alle Lebewesen von ihren Leiden befreien.» Mit dieser Motivation beten wir: «Mögen alle Leiden, Ängste und Hindernisse eines jeden Lebewesens in mir reifen und mögen sie dadurch von allen Problemen befreit sein.» Dann glauben wir fest daran, dass sich die Leiden, Ängste und Hindernisse aller Lebewesen im Aspekt von schwarzem Rauch sammeln. Er löst sich in unser Herz auf, zerstört unseren Geist der Selbstwertschätzung und befreit alle Lebewesen von ihrem Leiden.

Dieser Glaube ist das Objekt unserer Meditation. Wir halten ihn, ohne ihn zu vergessen. Unser Geist sollte eingerichtet so lange wie möglich auf diesem Glauben verweilen. Wenn wir das Objekt unserer Meditation verlieren, erneuern wir es, indem wir uns sofort an unseren Glauben erinnern oder die Praxis wiederholen.

Am Ende der Meditationssitzung widmen wir die durch die Meditation angesammelten Tugenden dafür, die Verwirklichung der Praxis des Nehmens zu gewinnen und Erleuchtung zum Wohle aller Lebewesen zu erlangen.

Während der Meditationspause sollten wir unsere höhere Absicht – den Wunsch, das Leiden anderer auf uns zu nehmen – in die Tat umsetzen. Wir sollten, wann immer es möglich ist, das Leiden anderer lindern und freudig unser eigenes Leiden als eine Methode annehmen, die alle anderen Lebewesen von ihren Leiden befreit. Auf diese Weise vertiefen wir unser Mitgefühl, unsere Verdienste nehmen zu, unsere Selbstwertschätzung verringert sich allmählich und die Kraft unserer mitfühlenden Handlungen wird stärker.

16. WÜNSCHENDE LIEBE

Wir haben jetzt zuneigungsvolle und wertschätzende Liebe für alle Lebewesen erzeugt. Wenn wir nun darüber nachdenken, dass es allen Lebewesen an wahrem Glück fehlt, werden wir ganz natürlich wünschende Liebe entwickeln – den starken Wunsch, dass alle Lebewesen reines und immerwährendes Glück erfahren. Hauptziel dieser Meditation ist, tatsächlich die Kraft zu erlangen, allen Lebewesen reines Glück zu schenken.

MEDITATION

Als vorbereitende Übung rezitieren wir die *Gebete für die Meditation* und konzentrieren uns dabei auf ihre Bedeutung. Dann richten wir unsere Aufmerksamkeit auf alle Lebewesen und kontemplieren:

Diese Lebewesen wünschen sich, die ganze Zeit glücklich zu sein. Doch wie sie sich diesen Wunsch erfüllen können, das wissen sie nicht. Denn das Glück, das sie aus weltlichen Vergnügen erfahren, ist kein wirkliches Glück. Es ist bloß sich veränderndes Leiden, eine vorübergehende Verminderung vom bisherigen manifesten Leiden. Keines dieser zahllosen Lebewesen erlebt reines und immerwährendes Glück.

Haben wir wiederholt über diesen Punkt nachgedacht, entsteht in uns der starke Wunsch, dass alle Lebewesen das reine und immerwährende Glück der Erleuchtung erfahren mögen. Dieser Wunsch ist das Objekt unserer Meditation. Wir halten ihn, ohne ihn zu vergessen. Unser Geist sollte eingerichtet so lange wie möglich auf diesem Wunsch verweilen. Wenn wir das Objekt unserer Meditation verlieren, erneuern wir es, indem wir uns sofort an unseren Wunsch erinnern, dass alle Lebewesen Glück erfahren mögen oder wir wiederholen die Kontemplation.

Am Ende der Meditationssitzung widmen wir die durch diese Meditation angesammelten Tugenden dafür, die Verwirklichung der wünschenden Liebe zu gewinnen und Erleuchtung zum Wohle aller Lebewesen zu erlangen.

In der Meditationspause bewahren wir die ganze Zeit über unsere wünschende Liebe. Mit dieser reinen Absicht beten wir und widmen unsere Tugenden allen Lebewesen, damit sie wahres und immerwährendes Glück finden. Wir sollten beständig danach streben, unsere Weisheit und unser Mitgefühl zu verbessern. Nur so erlangen wir die tatsächliche Kraft, allen Lebewesen reines Glück zu schenken.

17. GEBEN

Das Ziel dieser Meditation ist, zu lernen, wie wir unsere wünschende Liebe in die Tat umsetzen. In der Meditation geben wir allen Lebewesen reines Glück, indem wir die Kraft unserer Vorstellung nutzen. Durch Übung in dieser Meditation werden wir tatsächlich die Fähigkeit erlangen, allen Lebewesen reines und immerwährendes Glück zu schenken.

MEDITATION

Als vorbereitende Übung rezitieren wir die *Gebete für die Meditation* und konzentrieren uns dabei auf ihre Bedeutung. Dann richten wir unsere Aufmerksamkeit auf alle Lebewesen und üben wie folgt:

Zuerst denken wir: «Leben für Leben suchen alle diese Mutterwesen nach Glück. Sie alle wollen glücklich sein. Doch nirgendwo in Samsara gibt es wirkliches Glück. Ich werde ihnen jetzt das höchste Glück des beständigen inneren Friedens geben.»

Dann stellen wir uns vor: Durch die Kraft unserer reinen wünschenden Liebe und der großen Ansammlung von Verdiensten verwandelt sich unser Körper in ein wuncherfüllendes Juwel. Es hat die Kraft, die Wünsche jedes einzelnen Lebewesens zu erfüllen. Unendliche Lichtstrahlen gehen von unserem Körper aus und durchdringen das ganze Universum. Sie erreichen Körper und Geist aller Lebewesen und schenken ihnen das höchste Glück beständigen inneren Friedens. Wir glauben fest daran, dass alle Lebewesen diesen inneren Frieden erfahren.

Dieser Glaube ist das Objekt unserer Meditation. Wir halten ihn, ohne ihn zu vergessen. Unser Geist sollte eingerichtet so lange wie möglich auf diesem Glauben verweilen. Wenn wir das Objekt unserer Meditation verlieren, erneuern wir es, indem wir uns sofort an unseren Glauben erinnern oder die Praxis wiederholen.

Am Ende der Meditationssitzung widmen wir die durch diese Meditation angesammelten Tugenden dafür, die Verwirklichung der Praxis des Gebens zu gewinnen und Erleuchtung zum Wohle aller Lebewesen zu erlangen.

Während der Meditationspause versuchen wir, anderen Liebe, Dharma, Furchtlosigkeit und materielle Dinge zu geben. Wann immer wir können, versuchen wir, anderen zu Diensten zu sein. Zudem beten wir und widmen unsere Verdienste, damit alle Lebewesen reines Glück erlangen. Auf diese Weise werden unsere wünschende Liebe und unsere Verdienste rasch anwachsen.

18. BODHICHITTA

«Bodhichitta» heißt wörtlich «Erleuchtungsgeist» – «Bodhi» ist das Sanskritwort für «Erleuchtung» und «Chitta» ist das Wort für «Geist». Bodhichitta ist definiert als ein Geist, der durch Mitgefühl für alle Lebewesen motiviert ist und spontan Erleuchtung anstrebt. Er wird aus großem Mitgefühl geboren und dieses wiederum hängt von wertschätzender Liebe ab. Wertschätzende Liebe ist wie ein Feld, Mitgefühl ist wie die Samen, Nehmen und Geben sind wie die günstigen Bedingungen für das Wachsen der Samen und Bodhichitta ist wie die Ernte.

Bodhichitta ist das edelste gute Herz. Dieser zutiefst mitfühlende Geist ist die eigentliche Essenz spiritueller Schulung. Indem wir das gute Herz von Bodhichitta entwickeln, sind wir fähig, alle unsere Tugenden zu vervollkommnen, alle unsere Probleme zu lösen, alle unsere Wünsche zu erfüllen und die Kraft zu entwickeln, anderen auf angemessenste und nützlichste Weise zu helfen. Bodhichitta ist unser bester Freund und die großartigste Eigenschaft, die wir entwickeln können.

MEDITATION

Als vorbereitende Übung rezitieren wir die *Gebete für die Meditation* und konzentrieren uns dabei auf ihre Bedeutung. Dann erinnern wir uns an unsere höhere Absicht, die wir in den Meditationen über Nehmen und Geben entwickelt haben, und kontemplieren:

Ich habe die Verantwortung übernommen, alle Lebewesen von Leiden zu befreien. Wie aber kann mir das gelingen, wenn ich nicht selbst zuerst Erleuchtung erlange? Nur erleuchtete Wesen haben die Kraft, alle Lebewesen vor Leiden zu beschützen und ihnen reines und immerwährendes Glück zu schenken. Um meinen Wunsch zu erfüllen, alle Lebewesen von ihren Leiden zu befreien, muss ich ein Buddha werden, ein vollkommen erleuchtetes Wesen.

Haben wir eingehend über diese Punkte nachgedacht, entsteht in uns der starke Wunsch Erleuchtung zu erlangen, um alle Lebewesen von ihrem Leiden zu befreien. Dieser Wunsch ist das Objekt unserer Meditation. Wir halten ihn, ohne ihn zu vergessen. Unser Geist sollte eingerichtet so lange wie möglich auf diesem Wunsch verweilen. Wenn wir das Objekt unserer Meditation verlieren, erneuern wir es, indem wir uns sofort an unseren Wunsch erinnern oder die Kontemplation wiederholen.

Am Ende der Meditationssitzung widmen wir die durch diese Meditation angesammelten Tugenden dafür, Bodhichitta zu verwirklichen und Erleuchtung zum Wohle aller Lebewesen zu erlangen.

Während der Meditationspause versuchen wir, Tag und Nacht den kostbaren Geist des Bodhichittas zu bewahren. Vor allem sollten wir uns vergewissern, dass jede unserer Handlungen durch Bodhichitta motiviert ist. Auf diese Weise wird all unser Tun zur kraftvollen Ursache für Buddhaschaft.

Haben wir etwas Erfahrung mit Bodhichitta gewonnen, dann sollten wir ihn durch die drei höheren Schulungen des

Mahayana vollenden: durch Schulung in der Vollkommenheit der moralischen Disziplin, indem wir die Bodhisattva Gelübde rein einhalten; durch Schulung in der Vollkommenheit der geistigen Stabilisierung, indem wir danach streben, ruhiges Verweilen zu erlangen; durch Schulung in der Vollkommenheit der Weisheit, indem wir das höhere Sehen entwickeln. Die Bodhisattva Gelübde werden ausführlich im Buch *Das Bodhisattva Gelübde* erklärt.

Bemühe dich mit aller Kraft Erleuchtung zu erlangen

19. RUHIGES VERWEILEN

Bodhichitta und Weisheit, die Leerheit direkt erkennt, sind wie die zwei Flügel eines Vogels. Sie tragen uns zu unserem Ziel, der Ebene der Erleuchtung. Um Leerheit direkt zu erkennen, brauchen wir ruhiges Verweilen. Ohne ruhiges Verweilen ist unser Geist so unstet wie eine Kerzenflamme im Wind. Deshalb können wir subtile Objekte wie Leerheit nicht klar und direkt erkennen. Nicht nur die direkte Verwirklichung der Leerheit hängt von ruhigem Verweilen ab. Wir brauchen ruhiges Verweilen ebenso für spontane Verwirklichungen von Entsagung und Bodhichitta sowie für reine Hellsicht und Wunderkräfte.

Wenn wir mit reiner Konzentration auf einem der einundzwanzig Meditationsobjekte verweilen, ist unser Geist im Allgemeinen immer in einem ruhigen Zustand, frei von Ablenkungen. Das ist die Funktion reiner Konzentration. Das eigentliche ruhige Verweilen ist jedoch eine besondere Konzentration. Sie wird durch das Vollenden der Schulung in den neun Ebenen der Konzentration – den «neun Ebenen des geistigen Verweilens» – erlangt und ist verbunden mit einer besonderen Glückseligkeit geistiger und körperlicher Geschmeidigkeit. Um uns in ruhigem Verweilen zu schulen, wählen wir zuerst ein Meditationsobjekt. Wir können uns für jedes Objekt der einundzwanzig Meditationen entscheiden. Wählen wir beispielsweise Gleichmut, Liebe, Mitgefühl oder Bodhichitta, dann verwandeln wir durch die entsprechende Kontemplation zuerst unseren Geist in diesen Zustand. Dann halten wir ihn mit einsgerichteter Konzentration. Wählen wir ein Objekt wie Leerheit, Unbeständigkeit oder die Kostbarkeit dieses menschlichen

Lebens, dann entwickeln wir durch geeignete Kontemplation zuerst ein klares geistiges Bild des Objektes. Darauf verweilen wir dann mit einsgerichteter Konzentration.

Nun wird erklärt, wie wir mit der Schulung in ruhigem Verweilen beginnen, indem wir großes Mitgefühl als Meditationsobjekt wählen. Bei einem anderen Objekt ändern wir die Anleitungen dementsprechend.

MEDITATION

Als vorbereitende Übung rezitieren wir die *Gebete für die Meditation* und konzentrieren uns dabei auf ihre Bedeutung. Dann üben wir wie folgt:

Wir erinnern uns an unsere zuneigungsvolle und wertschätzende Liebe für alle Lebewesen und denken: «Ich kann es nicht ertragen, dass diese zahllosen Mutterwesen im weiten und tiefen Ozean von Samsara, dem Kreislauf verunreinigter Wiedergeburt ertrinken und in diesem und in unzähligen zukünftigen Leben unerträgliches körperliches Leiden und geistigen Schmerz erfahren müssen. Ich muss all diese Lebewesen dauerhaft von ihrem Leiden befreien.

Wenn aufgrund dieser Kontemplation starkes Mitgefühl für alle Lebewesen in unserem Geist entsteht, haben wir das Objekt unserer Meditation über ruhiges Verweilen gefunden. Haben wir unseren Geist in Mitgefühl umgewandelt, dann beenden wir die Kontemplation und halten diesen Geist des Mitgefühls für alle Lebewesen mit starker Konzentration.

Diese Konzentration ist die erste der neun Ebenen des geistigen Verweilens. Wenn das Objekt schwächer wird oder unser Geist zu einem anderen Objekt abschweift, kehren wir zur Kontemplation zurück, um uns an das Objekt zu erinnern. Dann beenden wir unsere Kontemplation wieder und halten das Objekt mit einsgerichteter Konzentration. So wechseln wir bis zum Ende der Sitzung zwischen Kontemplation und Meditation.

Auf diese Weise verbessern wir nach und nach unsere Konzentration, bis wir fünf Minuten lang auf unserem Objekt verweilen können. An dieser Stelle haben wir die zweite Ebene des geistigen Verweilens erreicht. Durch beständige Verbesserung unserer Konzentration erlangen wir schließlich ruhiges Verweilen.

Am Ende der Meditationssitzung widmen wir die durch diese Meditation angesammelten Tugenden dafür, die Verwirklichung des ruhigen Verweilens zu gewinnen und Erleuchtung zum Wohl aller Lebewesen zu erlangen.

Während der Meditationspause besteht unsere hauptsächliche Übung darin, sorgsam reine moralische Disziplin zu bewahren, indem wir uns auf Achtsamkeit und Wachsamkeit verlassen. Dadurch vermeiden wir ablenkende Gedanken, die unsere Schulung in ruhigem Verweilen behindern. Um unsere Begeisterung für die Praxis zu vertiefen, denken wir immer wieder über die Vorteile von ruhigem Verweilen nach. Und um unser Verständnis des ruhigen Verweilens zu verbessern, sollten wir die authentischen Anleitungen in *Freudvoller Weg des Glücks* und *Sinnvoll zu betrachten* lesen.

Haben wir erst einmal die vierte Ebene des geistigen Verweilens erreicht, sind wir bereit und können in ein striktes Retreat über ruhiges Verweilen gehen. In manchen Fällen ist es auf dieser Stufe möglich, innerhalb von sechs Monaten das eigentliche ruhige Verweilen zu erlangen. Damit unser Retreat zum Erfolg führt, brauchen wir einen geeigneten Ort, der sehr ruhig ist und alle notwendigen Voraussetzungen bietet. Wir sollten wenige Wünsche haben und es schaffen, die ganze Zeit zufrieden zu sein. Während des Retreats vermeiden wir weltliche Tätigkeiten und halten reine moralische Disziplin, um ablenkende Vorstellungen zu verringern. Kurz gesagt, wir müssen uns von allem befreien, was für die Entwicklung von Konzentration hinderlich ist, und für alle förderlichen inneren und äußeren Bedingungen sorgen.

20. HÖHERES SEHEN

Hier ist mit «höherem Sehen» die tiefgründige Weisheit gemeint, die sieht, wie die Dinge wirklich sind und die durch ruhiges Verweilen erlangt wird. Mit dieser Weisheit geben wir unsere Unwissenheit des Festhaltens am Selbst, die Wurzel unseres gesamten Leidens, und alle unsere fehlerhaften Erscheinungen auf. Dann können wir uns am höchsten inneren Frieden der Buddhaschaft erfreuen. Das Objekt dieser Weisheit ist Leerheit. Deshalb betonen wir in der Sitzung die Meditation über Leerheit.

Leerheit ist die Art und Weise wie die Dinge wirklich sind. Es ist die Art und Weise wie die Dinge existieren, im Gegensatz zu der Art und Weise wie sie erscheinen. Wir halten es für selbstverständlich, dass die Dinge, die wir um uns herum sehen wie Tische, Stühle und Häuser, wahrhaft existieren. Denn wir glauben, dass sie genauso existieren, wie sie erscheinen. Doch die Art und Weise, wie die Dinge unseren Sinnen erscheinen, ist trügerisch und vollkommen widersprüchlich zu der Art und Weise, wie sie tatsächlich existieren. Die Dinge scheinen von sich aus zu existieren, unabhängig von unserem Geist. Dieses Buch zum Beispiel, das unserem Geist erscheint, scheint seine eigene unabhängige, objektive Existenz zu haben. Es scheint «außerhalb» zu sein, während unser Geist «innerhalb» zu sein scheint. Wir haben das Gefühl, dass das Buch ohne unseren Geist existieren kann. Wir haben nicht das Gefühl, dass unser Geist in irgendeiner Weise an der Entstehung und Existenz dieses Buches beteiligt ist. Diese von unserem Geist unabhängige Art der Existenz wird manchmal «wahre Existenz», «inhärente Existenz»,

«Existenz aus sich selbst heraus» und «Existenz von der Seite des Objektes» genannt.

Obwohl die Dinge unseren Sinnen direkt als wahrhaft oder inhärent existierend erscheinen, fehlt allen Phänomenen in Wirklichkeit wahre Existenz – sie sind leer von wahrer Existenz. Dieses Buch, unser Körper, unsere Freunde, wir selbst und das gesamte Universum sind in Wirklichkeit nur Erscheinungen des Geistes, ähnlich den Dingen, die man in einem Traum sieht. Wenn wir von einem Elefanten träumen, erscheint uns der Elefant deutlich in all seinen Einzelheiten: Wir können ihn sehen, hören, riechen und berühren. Wachen wir aber auf, dann wird uns klar, dass er nur eine Erscheinung des Geistes war. Wir wundern uns nicht: «Wo ist der Elefant jetzt?», denn wir verstehen, dass er einfach eine Projektion unseres Geistes war und keineswegs außerhalb unseres Geistes existierte. Als das Traumgewahrsein, das den Elefanten erfasste, endete, ging der Elefant nicht irgendwo hin. Er verschwand einfach, denn er war lediglich eine Erscheinung des Geistes und existierte nicht getrennt vom Geist. Buddha sagte, dass das Gleiche für alle Phänomene gilt. Sie sind bloße Erscheinungen des Geistes, völlig abhängig von dem Geist, der sie wahrnimmt.

Die Welt, die wir erleben, wenn wir wach sind und die Welt, die wir erleben, wenn wir träumen, sind beides bloße Erscheinungen des Geistes, entstanden aus unseren fehlerhaften Vorstellungen. Wenn wir behaupten, dass die Traumwelt unwahr ist, dann müssen wir auch sagen, dass die Welt des Wachzustandes unwahr ist. Und wenn wir darauf bestehen, dass die Welt des Wachzustandes wahr ist, müssen wir auch einräumen, dass die Traumwelt wahr ist. Der einzige

Unterschied ist, dass die Traumwelt eine Erscheinung unseres subtilen Traumgeistes ist, während die Welt des Wachzustandes eine Erscheinung unseres groben Wachgeistes ist. Die Traumwelt existiert nur so lange, wie das Traumgewahrsein existiert, dem sie erscheint. Und die Welt des Wachzustandes besteht nur so lange, wie das Gewahrsein des Wachzustandes anhält, dem sie erscheint. Buddha sagte: «Ihr solltet wissen, dass alle Phänomene wie Träume sind.» Wenn wir sterben, lösen sich unsere groben wachen Geisteszustände in unseren sehr subtilen Geist auf und die Welt, die wir zu Lebzeiten erfahren haben, verschwindet ganz einfach. Die Welt, wie sie von anderen wahrgenommen wird, besteht weiterhin. Unsere persönliche Welt hingegen wird völlig und unwiederbringlich verschwinden. Genauso wie die Welt letzte Nacht in unserem Traum.

Buddha sagte auch, dass alle Phänomene wie Illusionen sind. Es gibt viele verschiedene Arten von Illusionen wie Luftspiegelungen, Regenbögen oder Halluzinationen, die durch Drogen hervorgerufen werden. In alter Zeit gab es Magier, die ihre Zuschauer derart verzauberten, dass sie beispielsweise ein Stück Holz als Tiger wahrnahmen. Jene Zuschauer, die unter dem Zauberbann standen, sahen einen echten Tiger und fürchteten sich. Die Zuschauer aber, die erst nach dem Zauberspruch kamen, sahen einfach nur ein Stück Holz. Allen Illusionen ist gemeinsam, dass die Art und Weise, wie sie erscheinen, nicht mit der Art und Weise, wie sie existieren, übereinstimmt. Warum verglich Buddha alle Phänomene mit Illusionen? Durch die Kraft der Prägungen der Unwissenheit des Festhaltens am Selbst, die wir seit anfangsloser Zeit angesammelt haben, scheint alles, was dem Geist erscheint, von Natur aus wahrhaft zu existieren und wir glauben instinktiv an diese Erscheinung. In Wirklichkeit jedoch ist alles vollkommen leer von wahrer Existenz. Genauso wie eine Luftspiegelung wie Wasser aussieht, aber nicht wirklich Wasser ist, so erscheinen uns die Dinge auf täuschende Weise. Weil wir ihre wahre Natur nicht erkennen, lassen wir uns von Erscheinungen täuschen und halten an Büchern und Tischen, Körpern und Welten als wahrhaft existierend fest. Dieser Geist ist das Festhalten am Selbst. Als Folge des Festhaltens an Phänomenen entwickeln wir Selbstwertschätzung, Anhaftung, Hass, Eifersucht und andere Verblendungen. Unser Geist wird gereizt und unausgeglichen und unser innerer Friede wird zerstört. Wir gleichen Reisenden in der Wüste, die ihre Kräfte erschöpfen, indem sie Luftspiegelungen nachjagen. Oder wir sind wie jemand, der nachts eine Straße entlang geht und die Schatten der Bäume für Verbrecher oder wilde Tiere hält, die darauf warten ihn anzugreifen.

Um zu verstehen, wie alle Phänomene leer von wahrer oder inhärenter Existenz sind, sollten wir unseren eigenen Körper betrachten. Haben wir einmal erkannt, auf welche Weise unserem Körper wahre Existenz fehlt, können wir die gleiche Beweisführung bei anderen Objekten anwenden.

In gewisser Weise kennen wir unseren Körper sehr genau. Wir wissen, ob er gesund oder krank, schön oder hässlich ist und so weiter. Unsere Untersuchung geht jedoch nie tiefer und wir fragen nicht: «Was genau ist mein Körper? Wo ist mein Körper? Was ist seine wahre Natur?» Wenn wir unseren Körper auf diese Weise untersuchen würden, könnten wir ihn nicht finden. Statt ihn zu finden, würde als Ergebnis dieser Untersuchung unser Körper verschwinden. Das zeigt ganz klar, dass unser Körper leer von wahrer oder inhärenter Existenz ist. Und das gilt genauso für unser Ich, unsere Welt und alle anderen Phänomene.

MEDITATION

Als vorbereitende Übung rezitieren wir die *Gebete für die Meditation* und konzentrieren uns dabei auf ihre Bedeutung. Dann erinnern wir uns an das, was vorher erklärt wurde und denken:

Mein Körper ist leer von wahrer oder inhärenter Existenz, weil er wie eine Luftspiegelung verschwindet, wenn ich nach ihm suche.

Haben wir wiederholt über diesen Punkt nachgedacht und erkennen klar, dass unser Körper leer von wahrer Existenz ist, dann haben wir das Objekt unserer Meditation gefunden – die Leerheit unseres Körpers. Wir halten diese Leerheit, ohne sie zu vergessen. Unser Geist sollte eingerichtet so lange wie möglich auf der Leerheit eines wahrhaft existierenden Körpers verweilen. Wenn wir das Objekt unserer Meditation verlieren, erneuern wir es, indem wir uns sofort an die Leerheit unseres Körpers erinnern oder die Kontemplation wiederholen.

Am Ende der Meditationssitzung widmen wir die durch diese Meditation angesammelten Tugenden dafür, die Verwirklichung des höheren Sehens zu gewinnen und Erleuchtung zum Wohle aller Lebewesen zu erlangen.

Haben wir bereits einige Erfahrung in der Meditation über die Leerheit unseres Körpers gewonnen, dann wenden wir die

Sei siegreich über den Feind deiner Verblendungen

obige Kontemplation und Meditation auf unser Ich, unsere Welt und alle anderen Phänomene an. In dieser Weise meditieren wir über die Leerheit aller Phänomene. Wir werden das besondere Gefühl haben, dass sich alle unsere gewöhnlichen täglichen Erscheinungen in einen Ozean von Leerheit auflösen. Dadurch werden unser Festhalten am Selbst und andere Verblendungen allmählich schwächer und unser innerer Friede wird beständig anwachsen.

In der Meditationspause versuchen wir zu erkennen, dass allem, was unserem Geist erscheint, wahre oder inhärente Existenz fehlt. Einem Träumenden erscheinen die Dinge im Traum sehr lebhaft. Wacht er jedoch auf, erkennt er sofort, dass die im Traum erschienenen Objekte nur geistige Erscheinungen waren. Sie existierten nicht von sich aus. Wir sollten alle Phänomene auf ähnliche Weise betrachten. Obwohl sie unserem Geist lebhaft erscheinen, fehlt ihnen inhärente Existenz.

Leerheit wird ausführlich in *Moderner Buddhismus* und *Verwandle dein Leben* erklärt. Anhang VI enthält eine traditionelle Anleitung, wie man über die Leerheit des Ichs und des Körpers nachdenkt und meditiert.

21. SICH AUF EINEN SPIRITUELLEN MEISTER VERLASSEN

Das Ziel dieser Meditation ist, uns zu ermöglichen, durch unseren spirituellen Meister die kraftvollen Segnungen aller erleuchteten Wesen zu erhalten, sodass unsere Meditation erfolgreich sein wird. Kranke verlassen sich auf Ärzte, um vorübergehend von einer bestimmten Krankheit geheilt zu werden. Wir müssen uns deshalb zweifellos auf einen qualifizierten spirituellen Meister verlassen, der uns zu dauerhafter Befreiung von den Leiden innerer und äußerer Krankheit führt.

Wenn wir uns mit starkem Vertrauen auf einen spirituellen Meister verlassen, können wir unsere ganze Verwirrung hinsichtlich des Dharmas beseitigen, unsere Dharma Weisheit vergrößern und die kraftvollen Segnungen aller erleuchteten Wesen erhalten. Buddha sagte, dass das sich Verlassen auf einen qualifizierten spirituellen Meister die Wurzel des spirituellen Pfades ist und dass wir, wenn wir uns auf unseren spirituellen Meister verlassen, folgenden Nutzen davon haben werden:

1. Er oder sie wird uns auf dem spirituellen Pfad führen, dem einzig möglichen Weg, alle unsere Probleme zu lösen und unserem Leben Sinn zu geben.
2. Seine oder ihre Segnungen werden uns allmählich der vollen Erleuchtung näher bringen.
3. Alle Buddhas werden hoch erfreut über uns sein.
4. Wir werden vor Schaden durch Menschen und nichtmenschliche Wesen geschützt.

5. Es wird uns leicht fallen Verblendungen und nichttugendhafte Handlungen aufzugeben.
6. Unsere praktische Erfahrung des spirituellen Pfades wird anwachsen.
7. Nie mehr werden wir in den niederen Bereichen wiedergeboren.
8. In allen zukünftigen Leben werden wir qualifizierten spirituellen Meistern begegnen.
9. Alle unsere tugendhaften Wünsche nach guten Bedingungen in Samsara, sowie nach Befreiung und Erleuchtung, werden sich erfüllen.

MEDITATION

Als vorbereitende Übung rezitieren wir die *Gebete für die Meditation* und konzentrieren uns dabei auf ihre Bedeutung. Dann meditieren wir:

Wir denken immer wieder über den oben erwähnten Nutzen nach, uns auf einen spirituellen Meister zu verlassen. Dann fassen wir den festen Entschluss: «Ich muss mich aufrichtig auf einen spirituellen Meister verlassen.»

Dieser Entschluss ist das Objekt unserer Meditation. Wir halten ihn, ohne ihn zu vergessen. Unser Geist sollte eingerichtet so lange wie möglich auf diesem Wunsch verweilen. Wenn wir das Objekt unserer Meditation verlieren, erneuern wir es, indem wir uns sofort an unseren Entschluss erinnern oder die Kontemplation wiederholen.

Sei anderen von Nutzen, indem du das Rad des Dharmas drehst

DIE GROSSE AUSRICHTUNG

Am Ende der Meditationssitzung widmen wir die durch diese Meditation angesammelten Tugenden dafür, die Verwirklichung, uns auf einen spirituellen Meister zu verlassen, zu gewinnen und Erleuchtung zum Wohle aller Lebewesen zu erlangen.

Während der Meditationspause setzen wir unseren Entschluss um. Ausführlich werden die Eigenschaften eines spirituellen Meisters und wie wir eine qualifizierte Schülerin oder ein qualifizierter Schüler werden in *Freudvoller Weg des Glücks* und *Große Schatzkammer der Verdienste* erklärt.

Diese Meditation kann entweder die erste oder die letzte der einundzwanzig Meditationen sein. In diesem Buch habe ich sie als Letzte ausgewählt.

Schlussfolgerung

Haben wir das erhabene gute Herz von Bodhichitta entwickelt, dann sollten wir uns in der Praxis des Gebens, der moralischen Disziplin, der Geduld, des Bemühens, der Konzentration und der Weisheit üben. Mit der Motivation von Bodhichitta werden diese Übungen die «sechs Vollkommenheiten» genannt. Schulen wir uns in den sechs Vollkommenheiten und besonders in den Vollkommenheiten der Konzentration und der Weisheit, dann erfüllen sich unsere Bodhichitta Wünsche.

Anhang I

Befreiendes Gebet

LOBPREIS AN BUDDHA SHAKYAMUNI

Gebete für die Meditation

KURZE VORBEREITENDE GEBETE
FÜR DIE MEDITATION

Befreiendes Gebet

LOBPREIS AN BUDDHA SHAKYAMUNI

O Gesegneter, Shakyamuni Buddha,
Kostbarer Schatz des Mitgefühls,
Gewährer höchsten inneren Friedens.

Du, der ohne Ausnahme alle Wesen liebt,
Bist die Quelle von Glück und Güte,
Und Du führst uns auf den befreienden Pfad.

Dein Körper ist ein wunscherfüllendes Juwel,
Deine Rede ist höchster, reinigender Nektar
Und Dein Geist ist Zuflucht für alle Lebewesen.

Mit gefalteten Händen wende ich mich an Dich,
Höchster, beständiger Freund,
Aus der Tiefe meines Herzens bitte ich Dich:

Bitte gib mir das Licht Deiner Weisheit,
Um die Dunkelheit meines Geistes zu vertreiben
Und mein Geisteskontinuum zu heilen.

Bitte nähre mich mit Deiner Güte,
Damit auch ich alle Wesen
Mit einem unaufhörlichen Festmahl der Freude
  nähren kann.

Mögen durch Deine mitfühlende Absicht,
Deine Segnungen und tugendhaften Taten
Und meinen starken Wunsch, mich auf Dich zu
  verlassen,

Alles Leiden schnell beendet sein
Und alles Glück und alle Freude erfüllt werden;
Und möge heiliger Dharma für immer erblühen.

Kolophon: Dieses Gebet wurde vom Ehrwürdigen Geshe Kelsang Gyatso verfasst und wird immer am Anfang einer Sadhana in den Zentren des Kadampa Buddhismus überall auf der Welt rezitiert.

Gebete für die Meditation

Zuflucht nehmen

Bis wir Erleuchtung erlangen, nehmen ich und alle
　fühlenden Wesen
Zuflucht zu Buddha, Dharma und Sangha.

(3x, 7x, 100x oder mehr)

Bodhichitta erzeugen

Möge ich aufgrund der Tugenden, die ich durch Geben und
　andere Vollkommenheiten ansammle,
Ein Buddha werden zum Wohle aller. (3x)

Die vier Unermesslichen erzeugen

Mögen alle glücklich sein.
Mögen alle frei von Leiden sein.
Möge niemand je von Glück getrennt sein.
Mögen alle Gleichmut besitzen, frei von Hass und
　Anhaftung.

Das Feld für die Ansammlung von Verdiensten visualisieren

Im Raume vor mir befindet sich der lebendige Buddha Shakyamuni, umgeben von allen Buddhas und Bodhisattvas, gleich dem Vollmond inmitten von Sternen.

Das siebengliedrige Gebet

Mit Körper, Rede und Geist verbeuge ich mich in Demut.
Und bringe Gaben dar, sowohl vorhandene wie vorgestellte.
Ich bekenne meine falschen Taten, begangen seit anfangsloser Zeit,
Und erfreue mich an den Tugenden aller.
Bitte bleibt, bis Samsara endet,
Und dreht das Rad des Dharmas für uns.
Ich widme alle Tugenden der großen Erleuchtung.

Die Mandala Darbringung

Den Boden mit Duftwasser besprengt und mit Blumen geschmückt,
Den großen Berg, vier Länder, Sonne und Mond,
Als Buddha Land betrachtet bringe ich sie dar,
Mögen sich alle Wesen an solch Reinen Ländern erfreuen.

Ohne Gefühl von Verlust bringe ich die Objekte dar,
Die in mir Anhaftung, Hass und Verwirrung erzeugen,
Meine Freunde, Feinde und Fremde, unsere Körper und Vergnügen.
Bitte nehmt dies an und segnet mich, damit ich sofort von den drei Giften befreit werde.

IDAM GURU RATNA MANDALAKAM NIRYATAYAMI

GEBETE FÜR DIE MEDITATION

Das Gebet der Stufen des Pfades

Der Pfad beginnt mit tiefem Vertrauen
Zum gütigen Lehrer, Quelle alles Guten.
O segne mich, damit ich dies verstehe,
Um ihm mit großer Hingabe zu folgen.

O segne mich, dass ich verstehen möge
Die Seltenheit und Bedeutsamkeit
Dieses menschlichen Lebens mit allen Freiheiten
Und dann Tag und Nacht seinen Sinn erfasse.

Schnell wird mein Körper vergehen und sterben
So wie eine Luftblase im Wasser.
Nach dem Tod reifen die Folgen des Karmas,
So wie der Schatten dem Körper folgt.

Segne mich, dass ich durch diese Gewissheit
Und diese Erinnerung sehr achtsam bin,
Stets schädliche Handlungen vermeide
Und eine Fülle von Tugend ansammle.

Die Vergnügen Samsaras sind täuschend,
Geben keine Zufriedenheit, nur Qualen.
Bitte segne mich, damit ich aufrichtig
Die Glückseligkeit vollkommener Befreiung erstrebe.

O segne mich, dass aus diesem reinen Gedanken
Achtsamkeit und größte Vorsicht entstehen,
So dass die Wurzel der Lehre, die Pratimoksha,
Als meine essenzielle Praxis bewahrt sei.

Gleich mir ertrinken all meine gütigen Mütter
Im weiten Ozean Samsaras.
Segne mich, dass ich mich in Bodhichitta schule,
Damit ich sie bald erlösen kann.

Ohne drei Arten moralischer Disziplin
Kann ich jedoch kein Buddha werden.
O segne mich darum bitte mit der Kraft,
Den Bodhisattva Gelübden zu folgen.

Durch das Überwinden meiner Ablenkungen
Und die Analyse vollkommener Bedeutungen,
Segne mich, die Vereinigung schnell zu erlangen
Von höherem Sehen und ruhigem Verweilen.

Wenn ich durch allgemeine Wege
Zu einem reinen Gefäß werde,
Segne mich, in das höchste Fahrzeug Vajrayana,
Die essenzielle Praxis des Glücks, einzutreten.

Die Grundlage der zwei Erlangungen
Sind heilige Gelübde und Verpflichtungen.
Segne mich, dass ich dies klar verstehe
Und sie noch höher schätze als mein Leben.

Durch beständige Praxis in vier Sitzungen,
Wie von den heiligen Lehrern erklärt,
Segne mich, dass ich beide Stufen vollende,
Welche die Essenz der Tantras sind.

Mögen alle, die mich auf dem Pfad führen,
Und meine Gefährten lange leben.
Segne mich, damit ich alle Hindernisse,
Innere und äußere, überwinden kann.

Möge ich stets vollkommene Lehrer finden
Und mich am heiligen Dharma erfreuen,
Alle Ebenen und Pfade schnell vollenden
Und den Zustand Vajradharas erlangen.

Segnungen empfangen und Reinigung

Aus den Herzen aller heiligen Wesen fließen Licht- und Nektarströme herab, gewähren Segnungen und reinigen.

An dieser Stelle beginnen wir mit der eigentlichen Kontemplation und Meditation. Im Anschluss an die Meditation widmen wir unsere Verdienste mit dem folgenden Gebet:

Widmungsgebete

Mögen durch die Tugenden,
Die ich durch die Praxis der Stufen des Pfades
   angesammelt habe,
Alle Lebewesen die Gelegenheit finden,
Auf gleiche Weise zu üben.

Mögen alle Wesen das Glück
Von Menschen und Göttern erfahren
Und schnell Erleuchtung erlangen,
Damit Samsara schließlich endet.

Gebete für die tugendhafte Tradition

Damit die Tradition Je Tsongkhapas,
Des Königs des Dharmas, erblühe,
Mögen alle Hindernisse überwunden sein,
Und mögen alle vorteilhaften Bedingungen im Überfluss
   vorhanden sein.

Durch die zwei Ansammlungen von mir und anderen,
Die während der drei Zeiten zusammengetragen werden,
Möge die Lehre des Eroberers Losang Dragpa
Für immer erblühen.

Das neunzeilige Migtsema Gebet

Tsongkhapa, Kronjuwel der Gelehrten vom Lande des Schnees,
Du bist Buddha Shakyamuni und Vajradhara, Quelle aller Erlangungen,
Avalokiteshvara, Schatz des nichtbeobachtbaren Mitgefühls,
Manjushri, erhabene, makellose Weisheit,
Und Vajrapani, Zerstörer der Scharen von Maras.
O ehrwürdiger Guru Buddha, Vereinigung aller Drei Juwelen,
Mit Körper, Rede und Geist ersuche ich Dich mit Respekt:
Bitte gewähre deine Segnungen, damit ich und andere zu Reife und Befreiung gelangen,
Und gewähre die allgemeinen und höchsten Erlangungen.

(3x)

Kolophon: Diese Gebete wurden vom Ehrwürdigen Geshe Kelsang Gyatso aus traditionellen Quellen zusammengestellt

Anhang II

Ein Kommentar zu den vorbereitenden Übungen

Ein Kommentar zu den vorbereitenden Übungen

VORBEREITUNGEN FÜR DIE MEDITATION

Wir alle besitzen das Potenzial, jede der 21 Meditationen dieses Buches zu verwirklichen. Diese Potenziale gleichen Samen im Feld unseres Geistes und unsere Meditationspraxis ist wie die Aufzucht dieser Samen. Damit unsere Meditation jedoch erfolgreich ist, müssen wir uns gut vorbereiten.

Wenn wir normalerweise Feldfrüchte ernten wollen, beginnen wir mit sorgfältigen Vorbereitungen. Erstens säubern wir das Erdreich von Steinen und Unkraut, d.h. von allem, was das Wachstum der Pflanzen behindert. Zweitens reichern wir die Erde mit Kompost oder Dünger an, d.h. wir geben ihr Kraft, das Wachstum zu unterstützen. Drittens sorgen wir für Wärme und Feuchtigkeit, damit die Samen keimen und die Pflanzen wachsen können. Um die innere Ernte der

Dharma Verwirklichungen aufzuziehen, beginnen wir in gleicher Weise mit sorgfältigen Vorbereitungen. Zuerst reinigen wir unseren Geist und beseitigen das negative Karma, das wir in der Vergangenheit angesammelt haben. Reinigen wir unser negatives Karma nicht, wird es das Wachstum unserer Dharma Verwirklichungen behindern. Zweitens geben wir unserem Geist die Kraft, das Wachstum der Dharma Verwirklichungen zu unterstützen, indem wir Verdienste ansammeln. Drittens brauchen wir die Segnungen der heiligen Wesen, um das Wachstum der Dharma Verwirklichungen anzuregen und zu unterstützen.

Es ist außerordentlich wichtig, Segnungen zu erhalten. Bauen wir beispielsweise Feldfrüchte an, dann wird nichts wachsen, selbst wenn wir Unkraut jäten und den Boden gut düngen, sofern wir nicht für Wärme und Feuchtigkeit sorgen. Erst letztere lassen die Samen keimen, die Pflanzen sprießen und zur Ernte reifen. Genauso verhält es sich mit unseren Meditationen. Ohne die Segnungen der heiligen Wesen wird es schwierig sein erfolgreich zu meditieren, selbst wenn wir unseren Geist reinigen und Verdienste ansammeln. Segnungen wandeln unseren Geist um, regen unser tugendhaftes Potenzial an, lassen unsere Dharma Verwirklichungen gedeihen und bringen unsere Dharma Praxis zur Vollendung.

Das zeigt uns, dass es drei essenzielle Vorbereitungen für erfolgreiche Meditation gibt: das Reinigen von Negativität, das Ansammeln von Verdiensten und das Empfangen von Segnungen. Die Essenz dieser drei Vorbereitungen ist in den folgenden kurzen, vorbereitenden Übungen enthalten:

Die Umgebung reinigen

Bevor wir uns zur Meditation setzen, sollten wir dafür sorgen, dass der Platz, wo wir meditieren, sauber ist. Eine saubere Umgebung verleiht dem Geist Klarheit und Frische. Zudem laden wir im Verlauf der vorbereitenden Übungen alle Buddhas, Bodhisattvas und andere heilige Wesen ein, als ein Feld für die Ansammlung von Verdiensten in unser Zimmer zu kommen. Es ist ein Zeichen des Respekts, darauf zu achten, dass unser Zimmer sauber und aufgeräumt ist.

Einen Altar aufbauen

Wenn möglich sollten wir einen Altar mit Darstellungen von Buddhas Körper, Rede und Geist aufbauen. Ein Bild oder eine Statue, die Buddhas Körper darstellt, steht in der Mitte. Rechts davon ist ein Dharmatext als Symbol für Buddhas Rede. Links davon ist ein Stupa oder das Bild eines Stupas, der Buddhas Geist repräsentiert. Wir sind uns gewahr, dass Buddhas allwissender Geist wirklich in diese Objekte eintritt und wir in der Gegenwart des lebendigen Buddhas sind. Dann verbeugen wir uns und bringen Gaben dar.

Wenn wir wollen, können wir wirkliche Gaben vorne auf dem Altar aufstellen, zum Beispiel Reihen von je sieben Wasserschalen oder alles, was rein und schön ist wie Blumen, Räucherwerk, Kerzen, Honig, Kuchen, Schokolade oder Früchte. Weitere Hinweise zum Aufstellen eines Altars und zur Darbringung von Gaben finden wir in *Freudvoller Weg des Glücks*.

Die Meditationshaltung

Nach diesen Vorbereitungen können wir uns zur Meditation setzen. Wir sitzen, wenn möglich, in der Vajrahaltung. Ist uns diese Haltung nicht vertraut, nehmen wir irgendeine andere bequeme Sitzhaltung ein. Können wir nicht mit gekreuzten Beinen sitzen, setzen wir uns auf einen Stuhl. Das Wichtigste ist, dass unser Rücken gerade ist, damit die subtilen Energiewinde in unserem Körper frei fließen können und unser Geist wachsam bleibt. Die Hände halten wir etwas unterhalb des Nabels, die offenen Handflächen nach oben gerichtet. Die rechte Hand ruht in der linken und die beiden Spitzen der Daumen berühren sich leicht.

Den Geist zur Ruhe bringen

Bevor wir mit den eigentlichen vorbereitenden Gebeten beginnen, bringen wir unseren Geist durch Atemmeditation zur Ruhe. Wir atmen ganz natürlich und versuchen uns auf unseren Atem zu konzentrieren, ohne uns durch begriffliche Gedanken ablenken zu lassen. Beim Ausatmen stellen wir uns vor, dass alle Negativität, Hindernisse und ablenkenden Gedanken unseren Körper in Form von schwarzem Rauch verlassen. Beim Einatmen stellen wir uns vor, dass die Segnungen aller heiligen Wesen im Aspekt von reinem, weißem Licht in uns hineinströmen. Wir meditieren einige Minuten oder so lange in dieser Weise, bis unser Geist ruhig und friedvoll geworden ist. Wir können auch die in Anhang III erklärte besondere Atemmeditation machen.

Mit den *Gebeten für die Meditation* widmen wir uns nun den verbleibenden vorbereitenden Übungen. Der Sinn diese Gebete zu rezitieren besteht darin, unseren Geist auf die jeweiligen Übungen zu richten. Die Gebete werden nun kurz erläutert.

Zuflucht nehmen Wir erzeugen Furcht vor den Leiden Samsaras im Allgemeinen und vor einer Wiedergeburt in den niederen Bereichen im Besonderen. Während wir das Zufluchtsgebet rezitieren, nehmen wir mit starkem Vertrauen, dass die Drei Juwelen die Kraft haben uns vor diesen Leiden zu beschützen, Zuflucht zu Buddha, Dharma und Sangha. Die eigentliche Praxis der Zufluchtnahme wird in der vierten Meditation erklärt.

Bodhichitta erzeugen Zwei wichtige Punkte sollten wir in jeder Meditation betonen: unsere Motivation am Anfang und die Widmung zum Schluss. Zu Beginn entwickeln wir die Bodhichitta Motivation, den Wunsch Buddhaschaft zu erlangen, um allen Lebewesen zu helfen. Mit dieser Motivation rezitieren wir das Bodhichitta Gebet. Indem wir den Zyklus der einundzwanzig Meditationen üben, wird unsere Vertrautheit mit Zuflucht und Bodhichitta ganz natürlich zunehmen.

Die Vier Unermesslichen erzeugen Dies sind vier besondere Geisteshaltungen, die unsere Bodhichitta Motivation unterstützen. Unermessliche Liebe ist der Wunsch, dass alle Wesen glücklich sind. Unermessliches Mitgefühl ist der Wunsch, dass alle Wesen frei von Leiden sind. Unermessliche

Freude ist der Wunsch, dass alle Wesen die immerwährende Freude der Befreiung erlangen. Unermesslicher Gleichmut ist der Wunsch, dass alle Wesen frei von unausgeglichenen Geisteshaltungen wie Anhaftung und Wut sind. Sie werden «unermesslich» genannt, weil diese Geisteshaltungen für alle Lebewesen, deren Zahl unermesslich ist, hervorgerufen werden.

Das Feld für die Ansammlung von Verdiensten visualisieren Das Feld für die Ansammlung von Verdiensten ist die Versammlung der Buddhas, Bodhisattvas und anderer heiliger Wesen. Zu ihnen nehmen wir Zuflucht, verbeugen uns, bekennen, bringen Gaben dar und so weiter. Wir stellen uns vor, dass sie sich alle im Raum vor uns versammeln. In der Mitte ist Buddha Shakyamuni, das Hauptobjekt unserer Visualisierung. Alle anderen heiligen Wesen umgeben ihn, so wie der Vollmond von Sternen umgeben ist. Sie werden «Feld für die Ansammlung von Verdiensten» genannt, denn mit dem Darbringen des siebengliedrigen Gebetes und des Mandalas sammeln wir in unserem Geist Verdienste an. Wir sollten nicht erwarten, dass wir von Anfang an die ganze Versammlung visualisieren können. Es genügt einfach zu glauben, dass sie alle vor uns anwesend sind.

Das siebengliedrige Gebet Die sieben Glieder sind Methoden, Negativität zu reinigen und Verdienste anzusammeln. Es sind: sich verbeugen, Gaben darbringen, Nichttugend bekennen, sich an Tugend erfreuen, die heiligen Wesen inständig bitten zu verweilen, Dharma Unterweisungen erbitten und Verdienste widmen. Sie werden «Glieder» genannt, weil sie unsere Meditation, den Hauptkörper unserer Praxis, unterstützen. Durch Verbeugungen, Gaben darbringen, sich an Tugend erfreuen, die heiligen Wesen inständig bitten zu verweilen und das Bitten um Dharma Unterweisungen sammeln wir Verdienste an. Das Bekennen von Nichttugend reinigt Negativität. Und das Widmen der Verdienste verhindert, dass unsere Tugend zerstört wird.

Sich zu verbeugen bedeutet Respekt zu bezeugen. Indem wir körperliche Verbeugungen machen oder einfach die Hände vor unserem Herzen falten, erweisen wir Respekt mit unserem Körper. Indem wir Lobpreise rezitieren, erweisen wir Respekt mit unserer Rede. Indem wir Vertrauen in die heiligen Wesen haben, erweisen wir Respekt mit unserem Geist. Wenn möglich, sollten wir alle drei Formen der Verbeugung gleichzeitig ausführen. Mit dieser Praxis vermindern wir auch unseren Stolz und andere starke Verblendungen.

Wie bereits erwähnt, können wir wirkliche Gaben darbringen, indem wir vorne auf unserem Altar sieben oder mehr Wasserschalen aufstellen oder reine und schöne Dinge wie Blumen, Räucherwerk oder Früchte. Wenn wir die Kraft unserer Vorstellung nutzen, können wir Juwelenpaläste, Gärten, wohlriechende Bäder, sogar ganze Universen darbringen – alles ist vollkommen rein. Zwar brauchen Buddhas und Bodhisattvas unsere Darbringungen nicht, das Darbringen von umfangreichen Gaben hat jedoch eine sehr positive Wirkung auf unseren Geist. Es erschafft eine riesige Menge an Verdiensten oder Glück und wirkt als Gegenmittel gegen Geiz.

Mit dem Bekenntnis reinigen wir negative Handlungen, die wir in der Vergangenheit begangen haben. Wenn wir aufrichtig über Karma nachdenken und meditieren, erkennen wir das Ausmaß unserer unzähligen, schweren negativen Handlungen. Weil wir uns vor den Folgen dieser Handlungen fürchten, wünschen wir uns nichts mehr, als sie zu reinigen. Negative Handlungen können wir nur reinigen, indem wir die Fehler dieser Taten erkennen und bedauern, sie begangen zu haben. Bedauern hat nichts mit Schuld zu tun. Es ist ganz einfach der tiefe Wunsch, unseren Geist von der negativen Energie, die aus nichttugendhaften Handlungen entstanden ist, zu reinigen. Mit tiefem Bedauern, all das Negative getan zu haben, bekennen wir unsere Taten vor den heiligen Wesen. Dann öffnen wir uns den reinigenden Segnungen aller Buddhas und Bodhisattvas. Jede tugendhafte Handlung, die wir mit dieser Haltung des Bedauerns und mit Vertrauen ausführen, dient der Reinigung. Wenn wir jede Meditationssitzung mit einem aufrichtigen Bekenntnis beginnen, dient die ganze Sitzung der Reinigung unserer angesammelten Negativität. Um eine nichttugendhafte Handlung allerdings vollständig zu reinigen, bedarf es des Versprechens, sie nicht zu wiederholen. Es macht keinen Sinn, unsere negativen Handlungen zu bekennen und nicht gleichzeitig die Absicht zu hegen, sie in Zukunft zu unterlassen.

Sich erfreuen bedeutet, unsere eigene Tugend und die Tugend anderer zu schätzen und uns daran zu erfreuen. Sich über Tugend zu freuen, lässt unsere tugendhaften Neigungen anwachsen und überwindet Neid und Rivalität. Es ist einer der einfachsten Wege, eine unermessliche Menge an Verdiensten anzusammeln. Selbst im Bett zu liegen und sich an den tugendhaften Taten anderer zu erfreuen, ist eine kraftvolle spirituelle Praxis.

Unseren spirituellen Meister und alle anderen heiligen Wesen inständig zu bitten, bei uns zu verweilen, uns zu leiten und zu inspirieren, hilft uns eine starke Verbindung zu unserem spirituellen Meister zu bewahren, sowohl in diesem als auch in zukünftigen Leben.

Wir richten Bitten an die heiligen Wesen das Dharma Rad zu drehen, das heißt Dharma zu lehren. Dies bewirkt, dass der Dharma in dieser Welt bleibt und dass wir mit Sicherheit in unseren zukünftigen Leben dem Dharma begegnen werden.

Wie bereits erwähnt, ist die Widmung sehr wichtig, denn sie lenkt die in der Meditation angesammelten Verdienste auf das Erlangen der vollen Erleuchtung. Sie bewahrt die Verdienste vor Zerstörung durch Wut oder andere nichttugendhafte Geisteshaltungen, wie falsche Sichtweisen. Wir widmen, indem wir eine starke geistige Absicht erzeugen, dass unsere Verdienste die Ursache für unsere Erleuchtung zum Wohle aller Lebewesen werden.

Wer die sieben Glieder ausführlicher praktizieren möchte, findet in *Freudvoller Weg des Glücks* und im zweiten und dritten Kapitel von *Sinnvoll zu betrachten* einen ausführlichen Kommentar.

Die Mandala Darbringung In der Mandala Darbringung visualisieren wir das ganze Universum und bringen es dar. Wir stellen uns vor, dass sich das ganze Universum in ein reines Buddha Land verwandelt und bringen es dem Verdienstfeld mit dem Gebet dar, dass alle Lebewesen alsbald in einem solch Reinen Land leben mögen. Bringen wir ein Mandala dar, dann stellen wir uns vor, dass wir in unseren Händen eine riesige, runde Fläche aus Gold halten. In der Mitte ist der Berg Meru, umgeben von vier Inselkontinenten. Im Raum darüber befinden sich Sonne und Mond. Alles Reine und Schöne ist im Mandala enthalten. Während wir die zweite Strophe der Mandala Darbringung rezitieren, bringen wir alles dar, was Verblendungen hervorruft. Wir stellen uns vor: Alle Menschen und alle Dinge, an denen wir hängen und alles, was in uns Hass und Verwirrung auslöst, verwandelt sich in reine Wesen und reine Vergnügen. Diese bringen wir den Drei Juwelen dar. Durch Umwandlung und Darbringung der Objekte der drei Gifte (Anhaftung, Hass und Verwirrung) entziehen wir den Verblendungen die Entstehungsgrundlage. Weitere Erklärungen zur Mandala Darbringung finden wir in *Freudvoller Weg des Glücks*, *Große Schatzkammer der Verdienste* und *Führer ins Dakiniland*.

Gebet der Stufen des Pfades Nachdem wir durch die Rezitation des siebengliedrigen Gebetes und die Mandala Darbringung Negativität gereinigt und Verdienste angesammelt haben, bitten wir jetzt die heiligen Wesen um ihre Segnungen, sodass wir alle Verwirklichungen der Stufen des Pfades empfangen. Mit dieser Bitte rezitieren wir das *Gebet der Stufen des Pfades* und konzentrieren uns eingerichtet auf seine Bedeutung.

Segnungen empfangen und Reinigung Nachdem wir durch Rezitation des *Gebetes der Stufen des Pfades* Bitten vorgebracht haben, stellen wir uns vor, dass Buddha Shakyamuni und alle anderen Buddhas und Bodhisattvas hocherfreut sind. Buddha lächelt uns liebevoll an wie ein Vater sein liebstes Kind. Aus seinem Herzen fließen Licht- und Nektarströme herab. Sie treten durch unseren Scheitel in uns ein und füllen unseren ganzen Körper. Sie reinigen alles, was uns hindert eine tiefe Erfahrung in der Meditation zu erlangen. Unser Geist wird sehr klar, positiv und kraftvoll. Wir glauben fest daran, dass dies wirklich geschieht.

Kontemplation und Meditation Wir haben unseren Geist gereinigt, Verdienste angesammelt und Segnungen erhalten. Nun sind wir bereit, mit der Kontemplation und Meditation anhand der Anleitungen, die zu jeder Meditation gegeben werden, zu beginnen.

Wenn unser Geist während der Meditation stumpf und träge wird oder wenn andere Schwierigkeiten auftreten, ist es ratsam eine Pause zu machen und an die heiligen Wesen vor uns im Raum zu beten. Wir stellen uns vor, dass als Antwort auf unsere Gebete kraftvolles Licht und Nektar in unseren Körper strömen und sogleich alle Hindernisse vertreiben. Dann setzen wir unsere Meditation fort.

Diese Vorbereitungen sind äußerst wichtig für eine erfolgreiche Meditation. Haben wir mehr Zeit für die Vorbereitung, dann können wir die etwas ausführlicheren Gebete *Essenz des Glücks* in *Freudvoller Weg des Glücks* rezitieren. Wir können auch die Zufluchtnahme betonen, indem wir mehrere Hundert Zufluchtsgebete rezitieren. Wir können Verdienste ansammeln, indem wir viele Mandalas darbringen. Oder wir können Reinigung betonen, indem wir uns vor den fünfunddreißig Bekenntnisbuddhas verbeugen, wie es im Buch *Das Bodhisattva Gelübde* erklärt wird. Manchmal können wir uns auch eine ganze Meditationssitzung lang nur auf die vorbereitenden Übungen konzentrieren.

Widmung Am Ende unserer Sitzung stellen wir uns vor, dass alle heiligen Wesen zu Licht werden und sich durch unseren Scheitel in uns auflösen. Wir fühlen, wie unser Körper, unsere Rede und unser Geist mit Buddhas Körper, Rede und Geist eins werden. Dann rezitieren wir die Widmungsgebete und widmen die Verdienste, die wir durch die Praxis der Vorbereitungen, Kontemplation und Meditation angesammelt haben, dem Glück aller Lebewesen.

Es genügt nicht, die vorbereitenden Übungen nur zu rezitieren oder sie allein auf die Meditationssitzung zu beschränken. Stattdessen sollten wir alle diese Übungen – die Verbeugungen, die Darbringungen (besonders die Mandala Darbringung), das Bekenntnis von Nichttugend, das Erfreuen an Tugend, die inständige Bitte an die heiligen Wesen zu bleiben, die Bitte um Dharma Unterweisungen und die Widmung von Verdiensten – praktisch in jeden Augenblick unseres täglichen Lebens einbeziehen. Tun wir dies, dann nimmt unser Glück beständig zu, unser Geist wird rein und klar und unser spirituelles Tun wird kraftvoll und wirksam.

Anhang III

Eine besondere Atemmeditation

OM
Symbol des Körpers

aller Buddhas

Eine besondere Atemmeditation

Im Allgemeinen ist es der Sinn von Atemmeditation, den Geist zu beruhigen und Ablenkungen zu schwächen, bevor wir mit einer der in diesem Buch beschriebenen einundzwanzig Meditationen beginnen. Eine einfache Atemmeditation, wie auf Seite 11 – 14 beschrieben, wird uns dabei helfen. Die hier erklärte Meditation hat jedoch noch viele andere Funktionen. Mit ihrer Hilfe verbessern wir unsere Motivation, entwickeln ein gutes Herz, zähmen unseren Geist und verstärken unsere Energie für Dharma Praxis. Zudem ist sie eine ganz besondere Methode, die unseren Buddha Samen zur Reife bringt und uns auf die Meditation des Höchsten Yoga Tantras vorbereitet.

In dieser Meditation verbinden wir unseren Atem mit der Rezitation des Mantras OM AH HUM, dem «Mantra aller Buddhas». Es gibt viele verschiedene Mantras. Aber sie alle sind in diesen drei Buchstaben enthalten und alle Buddhas sind in drei Gruppen enthalten: Vajrakörper, Vajrarede und Vajrageist. Das Mantra des Vajrakörpers ist OM. Das Mantra der Vajrarede ist AH. Das Mantra des Vajrageistes ist HUM.

AH
Symbol der Rede
aller Buddhas

EINE BESONDERE ATEMMEDITATION

Wenn wir mit Vertrauen diese drei Buchstaben rezitieren, erhalten wir die Segnungen von Körper, Rede und Geist aller Buddhas.

Ein Buddha ist jemand, der gänzlich frei von allen Makeln und Begrenzungen ist und der alle guten Eigenschaften bis zur Vollkommenheit entwickelt hat. Deshalb haben Körper, Rede und Geist eines Buddhas besondere Eigenschaften, die gewöhnliche Wesen nicht haben. Mit tiefem Vertrauen in diese Eigenschaften und dem Wunsch, sie selbst zu erlangen, rezitieren wir das Mantra.

Selbst höchste gewöhnliche Wesen, wie Könige und Königinnen, haben nur einen Körper. Ein Buddha aber hat viele Körper. Buddhas eigentlicher Körper ist sein allwissender Geist, der «Wahrheitskörper». Weil er nur von anderen erleuchteten Wesen gesehen werden kann, manifestiert der Wahrheitskörper einen subtilen Formkörper, den «Freudenkörper». Dieser Körper ist auch sehr subtil und wird nur von höheren Bodhisattvas wahrgenommen, also von denjenigen, die Leerheit direkt verwirklicht haben. Um unmittelbar mit gewöhnlichen Wesen kommunizieren zu können, emaniert der Freudenkörper unzählige grobe Formkörper, die «Emanationskörper». Es gibt zwei Arten von Emanationskörpern: erhabene Emanationskörper und Emanationskörper, die als gewöhnliche Wesen erscheinen. Erstere können nur von Wesen mit reinem Geist und reinem Karma wahrgenommen, letztere können von jedem gesehen werden. Gemäß dem Mahayana Buddhismus durchdringen Buddhas Emanationskörper die ganze Welt. Gewöhnliche Wesen erkennen sie jedoch normalerweise nicht, denn sie haben einen gewöhnlichen Geist

HUM
Symbol des Geistes
aller Buddhas

und sehen deshalb alles gewöhnlich, sogar eine Emanation Buddhas.

Buddhas Rede hat ebenfalls viele gute Eigenschaften. Im Gegensatz zur Rede gewöhnlicher Wesen, die nicht besonders kraftvoll ist, hat die Rede eines Buddhas die Kraft allen Lebewesen zu helfen. Alle möchten frei von Leiden sein und reines Glück erfahren. Und Buddhas Rede erklärt, wie dieser Wunsch erfüllt wird. Obwohl wir ständig nach Glück streben, finden wir es nie. Buddha erklärt, dass dies so ist, weil wir in Samsara gefangen sind. Wahres Glück kann nur außerhalb von Samsara gefunden werden. Um dieses Glück zu erlangen, müssen wir uns auf die von Buddha gelehrten spirituellen Pfade verlassen und Samsara entkommen. Dann erleben wir beständige Beendigung von Leiden und ununterbrochenen Frieden und Glück. Deshalb ist Buddhas Rede der Schlüssel, der uns aus dem Gefängnis Samsaras befreit und unseren Wunsch nach Glück erfüllt.

Auch die Eigenschaften von Buddhas Geist sind einzigartig. Der Geist eines Buddhas ist wie ein wolkenloser Himmel, vollständig frei von Unwissenheit und ihren Prägungen. Weil ihr Geist völlig ungehindert ist, erkennen Buddhas unmittelbar und gleichzeitig alle Phänomene der Vergangenheit, Gegenwart und Zukunft. Buddhas Geist stellt die höchste Ebene geistiger Entwicklung dar.

Wir alle haben die Samen von Buddhas Körper, Rede und Geist in uns. Durch Schulung in reinen spirituellen Pfaden können wir diese Samen zur Reife bringen und diese besonderen Eigenschaften vollenden. Indem wir unseren gegenwärtigen Geist von Liebe, Mitgefühl und Bodhichitta beständig verbessern, werden wir ein Bodhisattva. Schulen wir uns weiter in reinen spirituellen Pfaden, werden wir schließlich ein Buddha. Im Mahayana Buddhismus verlassen wir uns auf Buddha nicht allein durch bloßes Bitten, uns zu helfen, sondern wir streben danach, selbst ein Buddha zu werden, um anderen helfen zu können. Deshalb versuchen wir allmählich unsere Fehler von Körper, Rede und Geist zu überwinden und stattdessen alle guten Eigenschaften zu entwickeln. Indem unsere Fehler abnehmen und unsere guten Eigenschaften zunehmen, kommen wir der Buddhaschaft immer näher. Schließlich werden wir ein vollkommen erleuchtetes Wesen sein. In der Vergangenheit haben Tausende Mahayana Praktizierende auf diese Weise Erleuchtung erlangt.

Wir denken über diese Punkte nach und überlegen:

Wie wundervoll wäre es, wenn ich ein Buddha werden und die guten Eigenschaften von Körper, Rede und Geist eines Buddhas erlangen würde! Im Moment habe ich keine Kraft, anderen zu helfen. Wenn ich aber ein Buddha bin, kann ich ausnahmslos allen Lebewesen helfen. Deshalb muss ich ein Buddha werden.

Mit Bodhichitta Motivation rezitieren wir das Mantra OM AH HUM und denken an seine Bedeutung. Wir rezitieren das Mantra verbal, bis wir damit vertraut geworden sind. Dann verbinden wir es mit der Atemmeditation.

Wir atmen sanft und natürlich durch beide Nasenlöcher. Beim Einatmen rezitieren wir im Geist OM. Dann halten wir den Atem kurz in unserem Herzen an und rezitieren im Geist AH. Während wir sanft ausatmen, rezitieren wir im Geist HUM. Diesen Zyklus wiederholen wir, so oft wir wollen und erinnern uns voller Vertrauen stets an die Bedeutung des Mantras. Das «Herz», das hier gemeint ist, ist das spirituelle, nicht das körperliche Herz. Es befindet sich in der Mitte der Brust. Zu Beginn können wir unseren Atem nur für kurze Zeit anhalten. Mit wachsender Vertrautheit aber können wir ihn immer länger anhalten, ohne uns unbehaglich zu fühlen.

Diese Meditation führt zu vielen guten Ergebnissen. Sie beruhigt unseren Geist, ablenkende Vorstellungen lassen nach. Sie stärkt den lebenserhaltenden Wind in unserem Herzen; unsere Lebensspanne verlängert sich und wir sind vor vorzeitigem Tod geschützt. Und weil wir mit der Motivation meditieren, die guten Eigenschaften von Körper, Rede und Geist eines Buddhas zu erlangen, schulen wir uns zudem in Bodhichitta, sammeln Verdienste an und erhalten Buddhas Segnungen. Diese Meditation lässt unseren Buddha Samen heranreifen und bereitet uns auf die Meditation des Höchsten Yoga Tantras vor. Dadurch wird es uns leicht fallen, in Zukunft Verwirklichungen der Vollendungsstufe zu erlangen. Deshalb ist diese Meditation wesentlich kraftvoller als die gewöhnliche Atemmeditation.

Die Wirkungen der Praxis halten sogar noch an, wenn wir uns aus der Meditation erheben. Üben wir diese Meditation regelmäßig, dann merken wir, dass unser Geist allmählich positiver und gezähmter wird. Er wird wie ein gut dressiertes Pferd, das alles tut, was der Reiter wünscht. Wollen wir meditieren, dann bleibt unser Geist ohne Ablenkung auf dem Objekt. Wollen wir Verbeugungen machen, dann wird unser Geist dies mit Freude und ohne Zögern oder Faulheit tun. Mit einem gezähmten Geist wird es uns leichter fallen, negative Handlungen von Körper, Rede und Geist zu unterlassen und tugendhaft zu handeln. Wir werden Tag und Nacht, Leben für Leben, Frieden und Glück erfahren und das Gute dieser Erfahrung mit anderen teilen können. Das ist der wahre Sinn einer buddhistischen Lebensweise.

Sobald wir den vielfältigen Nutzen dieser besonderen Atemmeditation verstehen, sollten wir versuchen sie zu üben, wann immer wir können.

Anhang IV

Empfohlener Retreatplan

Empfohlener Retreatplan

Wenn wir ein Retreat über die 21 Meditationen machen, sollten wir uns mindestens eine Woche Zeit nehmen. Wenn möglich machen wir vier Sitzungen pro Tag: die erste sollte frühmorgens, die zweite vor dem Mittagessen, die dritte am späten Nachmittag und die vierte am Abend sein. Die Länge der Sitzungen – von einer halben Stunde bis zu zwei Stunden – richtet sich nach unserem eigenen Ermessen. Wir beginnen jede Sitzung mit den vorbereitenden Übungen und fahren dann mit den unterschiedlichen Kontemplationen und Meditationen in der unten vorgeschlagenen Reihenfolge fort. Am Ende jeder Sitzung widmen wir unsere Verdienste dem Wohle aller Lebewesen und zwischen den Sitzungen versuchen wir, die anschließende Praxis mit großer Achtsamkeit zu üben. Dauert unser Retreat länger als eine Woche, dann können wir den Zyklus jede Woche wiederholen. In dieser Weise schulen wir uns jede Woche einmal in allen einundzwanzig Meditationen, von «Unser kostbares menschliches Leben» bis «Sich auf einen spirituellen Meister verlassen».

ERSTER TAG

Erste Sitzung:	Meditation 1 – Unser kostbares menschliches Leben
Zweite Sitzung:	Meditation 2 – Tod und Unbeständigkeit
Dritte Sitzung:	Meditationen 3 & 4 – Die Gefahren einer niederen Wiedergeburt und die Praxis der Zuflucht
Vierte Sitzung:	Meditation 5 – Handlungen und ihre Auswirkungen

ZWEITER TAG

Erste Sitzung:	Meditation 6 – Entsagung entwickeln mit den ersten vier Kontemplationen: Geburt, Krankheit, Altern und Tod
Zweite Sitzung:	Meditation 6 – Entsagung entwickeln mit den drei verbleibenden Kontemplationen
Dritte Sitzung:	Meditation 6 – Entsagung entwickeln mit allen sieben Kontemplationen
Vierte Sitzung:	Meditation 6 – Entsagung entwickeln mit allen sieben Kontemplationen

DRITTER TAG

Erste Sitzung:	Meditation 7 – Gleichmut entwickeln
Zweite Sitzung:	Meditation 8 – Erkennen, dass alle Lebewesen unsere Mütter sind
Dritte Sitzung:	Meditation 9 – Sich an die Güte der Lebewesen erinnern
Vierte Sitzung:	Meditation 10 – Gleichstellen vom Selbst und anderen

EMPFOHLENER RETREATPLAN

VIERTER TAG

Erste Sitzung: Meditation 11 – Die Nachteile der Selbstwertschätzung
Zweite Sitzung: Meditation 12 – Die Vorteile, andere zu schätzen
Dritte Sitzung: Meditation 13 – Austauschen vom Selbst mit anderen
Vierte Sitzung: Meditation 14 – Großes Mitgefühl

FÜNFTER TAG

Erste Sitzung: Meditation 15 – Nehmen
Zweite Sitzung: Meditation 16 – Wünschende Liebe
Dritte Sitzung: Meditation 17 – Geben
Vierte Sitzung: Meditation 18 – Bodhichitta

SECHSTER TAG

Alle Sitzungen Meditation 19 – Ruhiges Verweilen, entweder mit dem von uns gewählten Objekt oder mit Bodhichitta als unserem Objekt der Meditation

SIEBTER TAG

Erste Sitzung: Meditation 20 – Höheres Sehen, Meditation über Leerheit
Zweite Sitzung: Meditation 20 – Höheres Sehen, Meditation über Leerheit
Dritte Sitzung: Meditation 20 – Höheres Sehen, Meditation über Leerheit
Vierte Sitzung: Meditation 21 – Sich auf einen spirituellen Meister verlassen

Anhang V

Die Verpflichtungen der Zuflucht

Die Verpflichtungen der Zuflucht

Wenn wir Zuflucht nehmen, versprechen wir, zwölf besondere Verpflichtungen einzuhalten. Indem wir dies aufrichtig tun, schützen wir unseren Geist der Zuflucht, und er gewinnt allmählich an Kraft. Die Verpflichtungen sind das Fundament für alle Verwirklichungen der Stufen des Pfades. Dies erkennend, sollten wir die Verpflichtungen nicht als Bürde ansehen, sondern sie mit Freude und Aufrichtigkeit einhalten.

Innerhalb der zwölf Verpflichtungen gibt es sechs besondere und sechs allgemeine Verpflichtungen. Die sechs besonderen Verpflichtungen nennen wir so, weil sie sich spezifisch auf je eines der Drei Juwelen beziehen. Es gibt zwei Verpflichtungen, die sich auf Buddha beziehen, zwei auf Dharma und zwei auf Sangha. In jedem Fall gilt es, etwas Bestimmtes zu unterlassen und zugleich etwas Bestimmtes umzusetzen. Die übrigen sechs Verpflichtungen betreffen gleichermaßen Buddha, Dharma und Sangha. Die zwölf Verpflichtungen werden nun kurz erläutert.

DIE ZWEI VERPFLICHTUNGEN, DIE SICH BESONDERS AUF BUDDHA BEZIEHEN

1. Keine Zuflucht zu Lehrern nehmen, die Buddhas Sicht widersprechen, oder zu samsarischen Göttern. Wenn wir zu Buddha Zuflucht nehmen, verpflichten wir uns, keine endgültige Zuflucht bei weltlichen Göttern oder bei Lehrern, die der Sicht Buddhas widersprechen, zu suchen. Das bedeutet nicht, dass wir keine Hilfe von anderen annehmen dürfen. Es bedeutet lediglich, dass wir uns nicht auf andere verlassen, die uns endgültig vor Leiden schützen sollen.

2. Jedes Bildnis von Buddha als eigentlichen Buddha betrachten. Zuflucht zu Buddha zu nehmen, verpflichtet uns auch, jedes Bildnis von Buddha als tatsächlichen Buddha zu betrachten. Immer wenn wir eine Buddha Statue sehen, sei sie aus Gold oder aus einem anderen Material, sollten wir sie als wirklichen Buddha betrachten. Wir schenken weder dem Material noch der Qualität der Handwerkskunst Beachtung und erweisen Buddha unsere Ehrerbietung, indem wir uns verbeugen, Gaben darbringen und Zuflucht nehmen. Tun wir dies, so werden unsere Verdienste sich reichlich vermehren.

DIE ZWEI VERPFLICHTUNGEN, DIE SICH BESONDERS AUF DHARMA BEZIEHEN

3. Anderen nicht schaden. Wenn wir Zuflucht zum Dharma nehmen, verpflichten wir uns, damit aufzuhören anderen zu schaden. Anstatt andere schlecht zu behandeln, helfen wir ihnen mit bester Absicht, wann immer wir können. Zunächst bemühen wir uns, negative Gedanken über jene, die uns nahe stehen, wie unsere Familie und Freunde, aufzugeben und ihnen wohlwollend zu begegnen. Haben wir für die uns nahe Stehenden ein gutes Herz entwickelt, dann dehnen wir diese Übung auf immer mehr Menschen aus, bis wir schließlich Herzensgüte für alle Lebewesen empfinden. Gelingt es uns, schädliche Gedanken loszulassen und anderen gegenüber stets wohlwollend zu sein, dann erlangen wir leicht die Verwirklichungen großer Liebe und großen Mitgefühls. Auf diese Weise vergrößert sich schon zu Beginn unserer Praxis der Zufluchtnahme unser Mitgefühl, das die eigentliche Essenz des Buddhadharmas ist.

4. Alle Dharma Schriften als das eigentliche Dharma Juwel betrachten. Wenn wir Zuflucht zum Dharma nehmen, verpflichten wir uns auch, alle Dharma Schriften als eigentliches Dharma Juwel zu betrachten. Dharma ist die Quelle aller Gesundheit und allen Glücks. Wir können die wirklichen Dharma Juwelen nicht mit unseren Augen sehen. Deshalb betrachten wir die Dharmatexte als tatsächliche Dharma Juwelen. Die eigentlichen Dharma Juwelen entstehen nur infolge des Lernens, Nachdenkens und Meditierens der Schriften und ihrer Bedeutung. Wir müssen jeden einzelnen Buchstaben der Schriften und jeden Buchstaben der Darlegung von Buddhas Lehren achten. Deshalb müssen wir mit Dharma Büchern sehr sorgfältig umgehen. Wir sollten nicht über sie treten und sie nicht an unpassenden Orte ablegen, wo sie beschädigt oder missbräuchlich verwendet werden könnten. Jedes Mal, wenn wir nachlässig mit unseren Dharma Büchern umgehen oder sie beschädigen, vergrößert dies unsere Unwissenheit, weil derartige Handlungen dem Aufgeben des Dharmas ähneln. Einst sah der große tibetische Lehrer Geshe Sharawa andere achtlos mit ihren Dharma Büchern herumspielen. Er sagte: «Das solltet ihr nicht tun. Ihr seid schon unwissend genug. Warum wollt ihr noch unwissender werden?»

DIE ZWEI VERPFLICHTUNGEN, DIE SICH BESONDERS AUF SANGHA BEZIEHEN

5. Uns nicht von Menschen beeinflussen lassen, die Buddhas Lehre ablehnen. Wenn wir Zuflucht zur Sangha nehmen, verpflichten wir uns, uns nicht länger von Menschen beeinflussen zu lassen, die Buddhas Lehre ablehnen. Das bedeutet nicht, dass wir uns von diesen Menschen abwenden. Es bedeutet lediglich, dass wir unseren Geist nicht von ihren Sichtweisen beeinflussen lassen. Wir geben unsere Liebe und Rücksichtnahme für andere nicht auf. Aber wir sind wachsam und darauf bedacht, nicht aufgrund ihrer schlechten Gewohnheiten oder Ratschläge auf Abwege zu geraten.

6. Alle, die die Roben der Ordinierten tragen, als eigentliches Sangha Juwel betrachten. Wenn wir Zuflucht zur Sangha nehmen, verpflichten wir uns auch, all jene, die die Roben der Ordinierten tragen, als eigentliches Sangha Juwel zu betrachten. Selbst wenn die ordinierte Sangha arm ist, zollen wir allen Respekt, denn sie halten moralische Disziplin, und das ist sehr selten und kostbar.

DIE SECHS ALLGEMEINEN VERPFLICHTUNGEN

7. Immer wieder zu den Drei Juwelen Zuflucht nehmen und uns an ihre guten Eigenschaften und an ihre Verschiedenheit erinnern. Dharma ist wie ein Schiff, mit dem wir den Ozean von Samsara überqueren können. Buddha ist wie der kundige Steuermann und Sangha ist wie die Mannschaft. Dies halten wir im Gedächtnis und nehmen immer wieder Zuflucht zu den Drei Juwelen.

8. Die erste Gabe von allem, was wir essen oder trinken den Drei Juwelen darbringen, während wir uns an ihre Güte erinnern. Weil wir täglich mehrmals essen und trinken, können wir unsere Verdienste beträchtlich vermehren, wenn wir stets die erste Gabe unseres Essens oder Trinkens zuerst den Drei Juwelen darbringen und uns dabei an ihre Güte erinnern. Das können wir mit folgendem Gebet tun:

Dir, Buddha Shakyamuni, bringe ich diese Gabe dar,
Dessen Geist die Vereinigung aller Buddha Juwelen ist,
Dessen Rede die Vereinigung aller Dharma Juwelen ist,
Dessen Körper die Vereinigung aller Sangha Juwelen ist.
O Gesegneter, bitte nimm dies an und segne meinen Geist.

OM AH HUM (3x)

Es ist wichtig, sich stets an Buddhas Güte zu erinnern. All unser Glück ist das Ergebnis von Buddhas Güte, weil alle seine Handlungen von Mitgefühl und Fürsorge für andere durchdrungen sind. Diese Handlungen befähigen uns tugendhaft zu handeln, was wiederum die Ursache für unser Glück ist.

Ohne Buddhas Güte würden wir die wirklichen Ursachen von Glück oder Leiden gar nicht kennen. Buddha lehrte, wie alles Glück und Leiden von unserem Geist abhängt. Er zeigte uns, wie wir die Geisteshaltungen, die Leiden verursachen, aufgeben und diejenigen fördern können, die Glück bewirken.

Anders gesagt, gab er uns die vollkommenen Methoden Leiden zu überwinden und Glück zu erlangen. Niemand sonst lehrte uns diese Methoden. Wie gütig Buddha doch ist!

Unser eigener Körper ist ein Beweis für Buddhas Güte. Durch die Kraft seiner Segnungen und seiner Anleitungen gelang es uns, die Ursachen für eine Wiedergeburt in menschlicher Gestalt zu schaffen, mit allen Freiheiten und Ausstattungen, die für spirituelle Praxis notwendig sind. Wenn wir jetzt Dharma studieren und spirituellen Meistern begegnen können, dann nur durch Buddhas Güte. Wir können jetzt nur deshalb spirituelle Verwirklichungen erlangen und die Methoden anwenden, die zur vollen Erleuchtung führen, weil Buddha so gütig war, das Dharma Rad zu drehen und uns in dieser Welt ein Vorbild zu sein. Selbst unsere geringe Weisheit, die zwischen Nützlichem und Schädlichem unterscheiden kann und die erkennt, wie wertvoll Buddhas Lehre ist, ist seiner Güte zu verdanken.

Wir sollten nicht glauben, dass Buddha nur denjenigen hilft, die ihm folgen. Buddha erlangte Erleuchtung, um allen Lebewesen zu helfen. Er erscheint in vielen verschiedenen Gestalten, um anderen zu helfen, manchmal sogar als nichtbuddhistischer Lehrer. Es gibt kein einziges Lebewesen, dem nicht durch Buddhas Güte Hilfe zuteil wurde.

9. Mit Mitgefühl andere stets ermutigen, Zuflucht zu nehmen. Wir sollten immer versuchen, anderen zu helfen Zuflucht zu nehmen. Dies aber erfordert Geschick. Angenommen, wir kennen jemanden, der am Dharma interessiert ist. Dann sollten wir ihm oder ihr helfen die Ursachen der Zufluchtnahme zu entwickeln: Furcht vor dem Leiden und Vertrauen in die Drei Juwelen. Wir können mit ihm oder ihr über Unbeständigkeit sprechen, darüber, wie sich beispielsweise unsere Lebensbedingungen verändern und unser Körper alt und gebrechlich wird. Wir können über die Leiden von Altern, Krankheit und Tod sprechen und darüber, was nach dem Tod geschieht. Wir können die verschiedenen Arten von Wiedergeburt beschreiben und erklären, dass alle Wiedergeburten ihrem Wesen nach leidvoll sind. Wenn wir diese Gedanken geschickt in unser Gespräch einflechten, wird unser Gesprächspartner seine Selbstzufriedenheit etwas verlieren, sich unbehaglich fühlen und natürlich wissen wollen, was er tun kann. Das ist der Zeitpunkt, wo wir darlegen können, wie Buddha, Dharma und Sangha uns helfen. Schließlich können wir erklären, wie man Zuflucht nimmt.

Helfen wir jemandem in dieser Weise, taktvoll und ohne überheblich oder ungeduldig zu sein, dann tun wir ihm oder ihr einen großen Gefallen. Unsere materiellen Geschenke sind manchmal gut, manchmal aber auch von Nachteil; oft wissen wir das nicht. Andere zum Dharma zu führen ist die beste Art zu helfen. Selbst wenn wir keine ausführlichen Erläuterungen geben können, so geben wir doch ganz sicher jenen, die unglücklich sind, die richtigen Ratschläge und helfen ihnen, ihre Probleme mit Dharma zu lösen.

10. Mindestens dreimal am Tag und dreimal in der Nacht Zuflucht nehmen, indem wir uns an den Nutzen der Zufluchtnahme erinnern. Damit wir die Drei Juwelen nicht vergessen, sollten wir alle vier Stunden oder zumindest dreimal am Tag und dreimal in der Nacht Zuflucht nehmen. Wenn wir die Drei Juwelen nicht vergessen und regelmäßig über den

Nutzen der Zufluchtnahme nachdenken, erlangen wir sehr schnell Verwirklichungen. Wir sollten wie ein Geschäftsmann sein, der selbst in seiner Freizeit seine Projekte nie aus den Augen verliert.

11. Jede Handlung mit vollem Vertrauen in die Drei Juwelen ausführen. Wir sollten uns bei all unserem Tun auf die Drei Juwelen verlassen. Dann werden alle unsere Handlungen von Erfolg gekrönt sein. Es ist nicht nötig, weltliche Götter um Inspiration und Segen zu bitten. Jedoch sollten wir stets bereit sein, durch Darbringungen und Bitten die Segnungen von Buddha, Dharma und Sangha zu empfangen.

12. Nie die Drei Juwelen aufgeben, nicht aus Übermut und nicht einmal, wenn es unser Leben kostet. Wir sollten die Drei Juwelen niemals aufgeben, denn die Zufluchtnahme ist das Fundament aller Dharma Verwirklichungen. Einst wurde ein Buddhist gefangengenommen und sein Feind sagte ihm: «Gib deine Zuflucht zu Buddha auf oder ich töte dich!» Er weigerte sich und wurde getötet. Hellsichtige aber sahen, dass er unmittelbar darauf als ein Gott wiedergeboren wurde.

Anhang VI

Eine traditionelle Meditation über Leerheit

Eine traditionelle Meditation über Leerheit

ERSTE KONTEMPLATION

Die Leerheit des Ichs

Das Objekt der Verneinung identifizieren

Obwohl wir ständig, sogar während des Schlafes, an einem inhärent existierenden Ich festhalten, ist nicht leicht zu erkennen, wie das Ich unserem Geist erscheint. Um es klar zu identifizieren, beginnen wir damit, dem Ich zu erlauben, sich stark zu manifestieren. Wir versetzen uns dazu in Situationen, die ein übertrieben großes Ich-Gefühl in uns hervorrufen, sei es, weil wir uns schämen, Angst haben, verlegen oder entrüstet sind. Wir erinnern uns an eine dieser Situationen oder stellen sie uns vor, ohne sie zu beurteilen oder zu analysieren. Wir versuchen, ein klares geistiges Bild davon zu bekommen, wie uns das Ich in solchen Momenten normalerweise erscheint. Auf dieser Stufe müssen wir geduldig sein. Es kann viele Sitzungen lang dauern, bis wir ein klares Bild erhalten. Schließlich sehen wir, dass das Ich fest und real zu sein scheint, so als ob es aus eigener Kraft, unabhängig von Körper oder Geist, existieren würde. Dieses lebhaft erscheinende Ich ist das inhärent existierende Ich, das wir so überaus schätzen. Es ist das Ich, das wir verteidigen, wenn wir kritisiert und auf das wir so stolz sind, wenn wir gelobt werden.

Haben wir eine Vorstellung davon, wie das Ich in solch extremen Umständen erscheint, versuchen wir zu erkennen, wie das Ich unter normalen Umständen, in weniger extremen Situationen, erscheint. Wir können beispielsweise das Ich beobachten, das gerade meditiert und herausfinden, wie es unserem Geist erscheint. Schließlich werden wir sehen, dass das Ich, obwohl es in diesem Fall kein übertriebenes Ich-Gefühl gibt, dennoch als inhärent existierend erscheint, so als ob es aus eigener Kraft, unabhängig von Körper oder Geist, existieren würde. Sobald wir ein Bild des inhärent existierenden Ichs haben, konzentrieren wir uns für eine Weile eingerichtet darauf. Dann fahren wir in der Meditation mit der nächsten Stufe fort. Das heißt, wir denken über gültige Begründungen nach, um zu beweisen, dass das inhärent existierende Ich, an dem wir festhalten, in Wirklichkeit nicht existiert. Das inhärent existierende Ich und unser Selbst, das wir normalerweise sehen, sind dasselbe. Wir sollten wissen, dass keines von beiden existiert. Beides sind Objekte, die durch Leerheit verneint werden.

Das Objekt der Verneinung widerlegen

Wenn das Ich so existiert, wie es erscheint, dann muss es auf eine der vier folgenden Arten existieren: als der Körper, als der Geist, als die Ansammlung von Körper und Geist oder als etwas, das von Körper und Geist getrennt ist. Eine andere Möglichkeit gibt es nicht. Darüber denken wir sorgfältig nach, bis wir zur Überzeugung gelangen, dass es so ist. Dann fahren wir fort und untersuchen jede der vier Möglichkeiten:

1. Ist unser Ich unser Körper, dann macht es keinen Sinn von «meinem Körper» zu sprechen, weil der Besitzer und der Besitz identisch sind.

   Ist unser Ich unser Körper, dann gibt es keine zukünftige Wiedergeburt, weil das Ich erlischt, wenn der Körper stirbt.

   Sind unser Ich und unser Körper identisch, dann müssten – weil wir das können – auch unser Fleisch, unser Blut und unsere Knochen fähig sein Vertrauen zu entwickeln, zu träumen, mathematische Rätsel zu lösen und so weiter.

   Da dies alles nicht zutrifft, ist unser Ich folglich nicht unser Körper.

2. Ist unser Ich unser Geist, dann macht es keinen Sinn, von «meinem Geist» zu sprechen, weil der Besitzer und der Besitz identisch sind. Richten wir aber unsere Aufmerksamkeit auf unseren Geist, dann sagen wir normalerweise «mein Geist». Dies zeigt deutlich, dass unser Ich nicht unser Geist ist.

   Ist unser Ich unser Geist, dann folgt, dass wir, weil wir viele verschiedene Arten von Geist haben – wie beispielsweise die sechs Arten des Bewusstseins sowie begriffliche und nichtbegriffliche Geistesarten – ebenso viele Ichs haben. Weil dies absurd ist, kann unser Ich nicht unser Geist sein.

3. Wenn unser Körper nicht unser Ich ist und unser Geist nicht unser Ich ist, kann die Ansammlung von Körper und Geist ebenfalls nicht unser Ich sein. Die Ansammlung von unserem Körper und Geist ist eine Ansammlung von Dingen, die nicht unser Ich sind. Wie kann dann die Ansammlung an sich unser Ich sein? In einer Herde von Kühen beispielsweise ist keines der Tiere ein Schaf, deshalb ist die Herde selbst auch kein Schaf. Genauso sind in der Ansammlung von unserem Körper und Geist weder unser Körper noch unser Geist das Ich, deshalb ist die Ansammlung selbst auch nicht unser Ich.

Vielleicht fällt es uns schwer, diesen Punkt zu verstehen. Doch wenn wir lange genug mit einem ruhigen und positiven Geist darüber nachdenken und mit erfahrenen Praktizierenden darüber diskutieren, dann wird es mit der Zeit klarer. Wir können auch authentische Bücher zu diesem Thema lesen, wie *Das neue Herz der Weisheit* und *Ozean von Nektar*.

4. Ist unser Ich weder unser Körper noch unser Geist, noch die Ansammlung von unserem Körper und Geist, dann bleibt nur die Möglichkeit, dass es etwas ist, das von unserem Körper und Geist getrennt ist. Ist dies der Fall, so können wir unser Ich erfassen, ohne dass weder unser Körper noch unser Geist erscheinen. Stellen wir uns aber vor, dass unser Körper und unser Geist vollständig verschwinden, dann bleibt nichts übrig, das wir unser Ich nennen können. Daraus folgt, dass unser Ich nicht von unserem Körper und Geist getrennt ist.

EINE TRADITIONELLE MEDITATION ÜBER LEERHEIT

Wir sollten uns vorstellen, dass sich unser Körper allmählich in Luft auflöst. Dann löst sich unser Geist auf, unsere Gedanken zerstreuen sich im Wind und unsere Gefühle, Wünsche und unser Bewusstsein lösen sich in nichts auf. Bleibt etwas übrig, das unser Ich ist? Nein, da ist nichts. Es ist offensichtlich, dass unser Ich nicht etwas ist, das von unserem Körper und Geist getrennt ist.

Wir haben nun alle vier Möglichkeiten untersucht und es ist uns nicht gelungen, unser Ich zu finden. Da wir bereits beschlossen haben, dass es keine fünfte Möglichkeit gibt, müssen wir daraus schließen, dass unser Ich, an das wir uns normalerweise klammern und das wir so schätzen, überhaupt nicht existiert. Dort, wo einst ein inhärent existierendes Ich erschien, erscheint nun eine Abwesenheit dieses Ichs. Diese Abwesenheit des inhärent existierenden Ichs ist Leerheit, endgültige Wahrheit.

ERSTE MEDITATION

Wir denken in dieser Weise nach, bis uns ein allgemeines oder geistiges Bild der Abwesenheit unseres Selbst, das wir normalerweise sehen, erscheint. Dieses Bild ist unser Objekt der verweilenden Meditation. Wir meditieren beständig und einsgerichtet so lange wie möglich darüber und versuchen, vollkommen vertraut damit zu werden.

Seit anfangsloser Zeit haben wir an unserem inhärent existierenden Ich festgehalten und es mehr als alles andere geschätzt. Deshalb kann die Erfahrung, in der Meditation kein

Selbst zu finden, anfangs ziemlich schockierend sein. Einige bekommen Angst und glauben: «Ich existiere überhaupt nicht mehr.» Andere wiederum empfinden große Freude, so als ob die Quelle all ihrer Probleme verschwunden sei. Beide Reaktionen sind Zeichen einer richtigen Meditation. Nach einer Weile werden diese anfänglichen Reaktionen schwächer und unser Geist wird ausgeglichener. Dann können wir in ruhiger, kontrollierter Weise über die Leerheit unseres Selbst meditieren.

Wir sollten unserem Geist erlauben, sich so lange wie möglich in raumähnliche Leerheit zu versenken. Wichtig ist, daran zu denken, dass unser Meditationsobjekt Leerheit ist, die bloße Abwesenheit unseres Selbst, das wir normalerweise sehen, und nicht bloß Nichts. Hin und wieder sollten wir unsere Meditation mit Wachsamkeit prüfen. Ist unser Geist zu einem anderen Objekt abgeschweift oder haben wir die Bedeutung der Leerheit verloren und konzentrieren uns auf das bloße Nichts? Sollte dies geschehen sein, dann kehren wir zur Kontemplation zurück, bis in unserem Geist wieder eine klare Vorstellung der Leerheit unseres Selbst entsteht.

Wir fragen uns vielleicht: «Wenn mein Selbst, das ich normalerweise sehe, nicht existiert, wer meditiert dann? Wer steht nach der Meditation auf? Wer spricht mit anderen? Wer antwortet, wenn mein Name gerufen wird?» Obwohl unser Selbst, das wir normalerweise sehen, nicht existiert, heißt das nicht, dass das Ich überhaupt nicht existiert. Wir existieren als bloße Zuschreibung. Solange wir mit der bloßen Zuschreibung unseres «Selbst» zufrieden sind, haben wir kein Problem. Wir können denken: «Ich existiere. Ich gehe in die Stadt» und so weiter. Das Problem entsteht erst, wenn wir nach unserem Selbst suchen, das etwas anderes ist als die bloße begriffliche Zuschreibung «Ich», unser «Selbst». Unser Geist klammert sich an ein Ich, das endgültig existiert, unabhängig von begrifflicher Zuschreibung, so als ob es hinter dem Etikett ein «wirkliches» Ich gäbe. Würde ein solches Ich existieren, müssten wir es finden können. Wir haben jedoch gesehen, dass unser Ich bei näherer Untersuchung nicht gefunden werden kann. Das Ergebnis unserer Suche war die eindeutige Unauffindbarkeit unseres Selbst. Diese Unauffindbarkeit unseres Selbst ist die Leerheit unseres Selbst, die endgültige Natur unseres Selbst. Unser Selbst, das als bloße Zuschreibung existiert, ist unser existierendes Selbst.

ZWEITE KONTEMPLATION

Die Leerheit des Körpers

Das Objekt der Verneinung identifizieren

Die Methode, über die Leerheit des Körpers zu meditieren, ähnelt der Methode, über die Leerheit des Ichs zu meditieren. Zuerst müssen wir das Objekt der Verneinung identifizieren.

Wenn wir normalerweise «mein Körper» denken, erscheint unserem Geist ein Körper, der aus sich selbst heraus existiert, als einzelne Wesenheit und von seinen Teilen unabhängig. Dieser Körper ist das Objekt der Verneinung; er existiert nicht. Die Begriffe «wahrhaft existierender Körper», «inhärent existierender Körper», «Körper, der aus sich selbst heraus existiert» und «Körper, den wir normalerweise sehen» haben alle die gleiche Bedeutung. Sie alle sind Objekte der Verneinung.

Das Objekt der Verneinung widerlegen

Wenn der Körper so existiert, wie er erscheint, kann er nur auf zwei Arten existieren: als seine Teile oder getrennt von seinen Teilen. Eine dritte Möglichkeit gibt es nicht.

Wenn der Körper eins mit seinen Teilen ist, ist er dann die einzelnen Teile oder die Ansammlung der Teile? Wenn er die einzelnen Teile ist, ist er die Hände, das Gesicht, die Haut, die Knochen, das Fleisch oder die inneren Organe? Durch sorgfältige Prüfung: «Ist der Kopf der Körper? Ist das Fleisch der Körper?» usw., können wir leicht feststellen, dass keiner der einzelnen Teile des Körpers der Körper ist.

Wenn der Körper nicht seine einzelnen Teile ist, ist er dann die Ansammlung seiner Teile? Die Ansammlung der Teile des Körpers kann nicht der Körper sein. Warum? Die Teile des Körpers sind alle Nichtkörper. Wie kann eine Ansammlung von Nichtkörpern ein Körper sein? Die Hände, Füße und so fort sind sämtlich Teile des Körpers, aber nicht der Körper selbst. Obwohl alle diese Teile miteinander verbunden sind, bleibt die Ansammlung ganz einfach Teile und verwandelt sich nicht auf magische Weise in den Besitzer von Teilen, den Körper.

Wir sollten uns daran erinnern, wie uns unser Körper erscheint, wenn er gelobt oder beleidigt wird. Er scheint dann aus sich selbst heraus zu existieren, als klar unterscheidbare Einheit. Er erscheint nicht als etwas, das bloß als Einheit bezeichnet wird, das aber in Wirklichkeit aus vielen einzelnen Teilen besteht, wie ein Wald oder eine Herde von Kühen. Obwohl der Körper als einzelne Wesenheit erscheint, die aus sich selbst heraus, unabhängig von Gliedern, Rumpf und

Kopf existiert, ist er in Wirklichkeit lediglich der Ansammlung dieser Teile zugeschrieben. Die Ansammlung der Körperteile ist eine Anhäufung von vielen einzelnen Elementen, die zusammenwirken. Diese Anhäufung kann als Einheit betrachtet werden, doch existiert sie nicht unabhängig von den Teilen, aus denen sie besteht.

Ist der Körper nicht seine Teile, dann bleibt nur die Möglichkeit, dass er von seinen Teilen getrennt ist. Wenn aber alle Teile des Körpers verschwinden würden, gäbe es nichts mehr, das Körper genannt werden könnte. Wir sollten uns vorstellen, dass alle unsere Körperteile zu Licht werden und verschwinden. Zuerst löst sich die Haut auf, danach das Fleisch, das Blut und die inneren Organe. Zuletzt löst sich das Skelett in Licht auf. Bleibt etwas übrig, das unser Körper ist? Nein, da ist nichts. Es gibt keinen Körper, der getrennt ist von seinen Teilen.

Wir haben jetzt alle Möglichkeiten ausgeschöpft. Der Körper ist nicht seine Teile und er ist nicht getrennt von seinen Teilen. Offensichtlich kann der Körper nicht gefunden werden. Dort, wo einst ein inhärent existierender Körper erschien, erscheint jetzt eine Abwesenheit jenes Körpers. Diese Abwesenheit des inhärent existierenden Körpers ist die Leerheit des Körpers.

ZWEITE MEDITATION

Wir erkennen, dass diese Abwesenheit das Fehlen eines inhärent existierenden Körpers ist und meditieren darüber mit einsgerichteter Konzentration. Immer wieder überprüfen wir mit Wachsamkeit unsere Meditation. Wir stellen sicher, dass wir nicht über ein Nichts, sondern über die Leerheit des

Körpers meditieren. Kommt uns die Bedeutung der Leerheit abhanden, sollten wir zur Kontemplation zurückkehren, um sie wiederzufinden.

Genauso wie beim Ich bedeutet die Tatsache, dass der Körper durch nähere Untersuchung nicht gefunden werden kann, nicht, dass er überhaupt nicht existiert. Der Körper existiert, aber nur als konventionelle Zuschreibung. Im Einklang mit den üblichen Konventionen schreiben wir auf die Ansammlung von Gliedern, Rumpf und Kopf «Körper» zu. Sollten wir aber genau festlegen wollen, was der Körper ist und dabei hoffen, ein substanziell existierendes Phänomen zu finden, auf das sich das Wort «Körper» bezieht, dann finden wir keinen Körper. Diese Unauffindbarkeit des Körpers ist die Leerheit des Körpers, seine endgültige Natur. Der Körper, der als bloße Zuschreibung existiert, ist seine konventionelle Natur.

Es ist zwar falsch zu behaupten, dass der Körper identisch mit der Ansammlung von Gliedern, Rumpf und Kopf ist. Aber es ist kein Fehler zu sagen, dass der Körper auf diese Ansammlung zugeschrieben ist. Obwohl die Teile des Körpers eine Mehrzahl sind, ist der Körper eine Einzahl. «Körper» ist einfach eine Zuschreibung, die vom zuschreibenden Geist vorgenommen wird. Von der Seite des Objektes existiert er nicht. Es ist nicht falsch, einer Mehrzahl von Dingen ein Phänomen zuzuschreiben, das eine Einzahl ist. Wir können beispielsweise auf eine Gruppe von vielen Bäumen «Wald» oder auf eine Gruppe von vielen Kühen «Herde» als Einzahl zuschreiben.

EINE TRADITIONELLE MEDITATION ÜBER LEERHEIT

Alle Phänomene existieren als Konvention. Nichts existiert inhärent. Dies gilt für den Geist, für Buddha und sogar für die Leerheit selbst. Alles ist bloß vom Geist zugeschrieben. Alle Phänomene haben Teile. Physische Phänomene haben physische Teile und nichtphysische Phänomene haben verschiedene Teile oder Merkmale, die gedanklich unterschieden werden können. Mit der gleichen Begründung wie oben erkennen wir, dass jedes Phänomen weder eines seiner Teile noch die Ansammlung seiner Teile, noch getrennt von seinen Teilen ist. Auf diese Weise können wir die Leerheit aller Phänomene erkennen, die bloße Abwesenheit aller Phänomene, die wir normalerweise sehen oder wahrnehmen.

Besonders hilfreich ist es, über die Leerheit derjenigen Objekte zu meditieren, die in uns starke Verblendungen, wie Anhaftung und Wut, hervorrufen. Durch richtiges Untersuchen werden wir erkennen, dass das Objekt, das wir begehren oder das uns missfällt, nicht aus sich selbst heraus existiert. Seine Schönheit oder Hässlichkeit, ja sogar seine Existenz selbst sind vom Geist zugeschrieben. Indem wir so denken, stellen wir fest, dass es keine Grundlage für Anhaftung oder Wut gibt.

Anhang VII

Die Kadampa Lebensweise

DIE ESSENZIELLEN ÜBUNGEN
DES KADAM LAMRIM

Einleitung

Diese essenzielle Praxis des Kadam Lamrim, *Die Kadampa Lebensweise* beinhaltet zwei Texte: *Rat aus dem Herzen Atishas* und *Die drei Hauptaspekte des Pfades* von Je Tsongkhapa. Der erste Text umfasst die Lebensweise der frühen Kadampa Geshes. Ihrem reinen und aufrichtigen Vorbild sollten wir alle nacheifern. Der zweite Text ist ein tiefgründiger Leitfaden für die Meditation über die Stufen des Pfades, Lamrim, den Je Tsongkhapa aufgrund von Anleitungen verfasste, die er unmittelbar vom Buddha der Weisheit, Manjushri, erhielt.

Versuchen wir so gut wir können Atishas Rat in die Praxis umzusetzen und gemäß den Anleitungen von Je Tsongkhapa über Lamrim zu meditieren, dann entwickeln wir einen reinen, glücklichen Geist und schreiten allmählich zum endgültigen Frieden der vollen Erleuchtung fort. Wie Bodhisattva Shantideva sagt:

> Indem wir uns auf diese bootsähnliche menschliche Gestalt verlassen,

Können wir den großen Ozean des Leidens
 überqueren.
Da solch ein Gefährt nur schwer wieder gefunden
 werden kann,
Ist jetzt nicht die Zeit zu schlafen, du Narr!

So zu praktizieren ist die wahre Essenz der Lebensweise der Kadampas.

Geshe Kelsang Gyatso
1994

Rat aus dem Herzen Atishas

Als der Ehrwürdige Atisha nach Tibet kam, ging er zuerst nach Ngari, wo er zwei Jahre lang blieb und Jang Chub Ös Schülern viele Unterweisungen gab. Nach dieser Zeit beschloss er, nach Indien zurückzukehren und Jang Chub Ö bat ihn vor seiner Abreise um eine letzte Unterweisung. Atisha erwiderte, er habe ihnen bereits alle notwendigen Ratschläge gegeben. Doch Jang Chub Ö bat so beharrlich, dass Atisha der Bitte nachkam und folgenden Rat gab:

Wie wunderbar!

Freunde, da ihr bereits großes Wissen und ein klares Verständnis habt, während ich unbedeutend bin und wenig Weisheit habe, ist es nicht angemessen, dass ihr mich um Rat fragt. Weil ihr, liebe Freunde, die ich von ganzem Herzen schätze, mich aber gebeten habt, gebe ich euch diesen essenziellen Rat aus meinem minderen und kindischen Geist.

Freunde, bis ihr Erleuchtung erlangt, ist der spirituelle Lehrer unentbehrlich. Verlasst euch deshalb auf den heiligen spirituellen Meister.

Bis ihr die endgültige Wahrheit verwirklicht, ist Zuhören unentbehrlich. Hört deshalb den Unterweisungen des spirituellen Meisters zu.

Da ihr nicht allein durch Verstehen des Dharmas ein Buddha werden könnt, praktiziert ernsthaft und mit Verständnis.

Meidet Orte, die euren Geist stören und weilt stets dort, wo sich eure Tugenden vermehren.

Bis ihr tragfähige Verwirklichungen erlangt habt, sind weltliche Vergnügungen schädlich. Verweilt deshalb an einem Ort, wo es keine solchen Ablenkungen gibt.

Meidet Freunde, mit denen eure Verblendungen zunehmen, und verlasst euch auf diejenigen, die eure Tugend vergrößern. Dies solltet ihr euch zu Herzen nehmen.

Da weltliche Tätigkeiten niemals ein Ende nehmen, solltet ihr euer Tun beschränken.

Widmet stets Tag und Nacht eure Tugenden und beobachtet ständig euren Geist.

Da ihr Rat erhalten habt, handelt, wann immer ihr nicht meditiert, stets in Übereinstimmung mit dem, was euer spiritueller Meister sagt.

Wenn ihr mit großer Hingabe übt, werden sich sogleich Erfolge einstellen, ohne dass ihr lange warten müsst.

Wenn ihr von ganzem Herzen in Übereinstimmung mit dem Dharma übt, dann wird es euch nie an Nahrung oder anderen Besitztümern mangeln.

Freunde, die Dinge, die ihr begehrt, geben euch so wenig Befriedigung wie das Trinken von Salzwasser. Deshalb übt euch in Zufriedenheit.

Vermeidet jeden Hochmut, Dünkel, Stolz und Anmaßung. Seid stets friedvoll und fügsam.

Vermeidet Tätigkeiten, die als lobenswert gelten, in Wirklichkeit aber Hindernisse für den Dharma sind.

Profit und Respekt sind die Schlingen der Maras. Fegt sie deshalb hinweg wie Geröll auf dem Weg.

Lobende Worte und Ruhm sind nur dazu da uns zu verführen. Schnäuzt sie deshalb fort, wie ihr eure Nase schnäuzen würdet.

Da das Glück, die Vergnügen und Freunde, die ihr in diesem Leben gewinnt, nur einen kurzen Moment andauern, lasst all das hinter euch.

Da die künftigen Leben sehr lange dauern, häuft Reichtümer an, die für die Zukunft vorsorgen.

Wenn ihr geht, müsst ihr alles zurücklassen. Haftet deshalb an nicht dem Geringsten.

Erzeugt Mitgefühl für niedere Wesen und vermeidet es vor allem, sie zu verachten oder zu demütigen.

Hegt keinen Hass gegen Feinde und keine Anhaftung an Freunde.

Seid nicht neidisch auf die guten Eigenschaften anderer, sondern macht sie aus Bewunderung zu euren eigenen.

Sucht nicht bei anderen nach Fehlern, sondern sucht nach euren eigenen Fehlern und reinigt sie wie schlechtes Blut.

Denkt nicht über eure eigenen guten Eigenschaften nach, sondern denkt über die guten Eigenschaften der anderen nach und achtet jeden wie ein Diener es tut.

Seht alle Lebewesen als euren Vater oder eure Mutter an und liebt sie, als ob ihr ihr Kind wärt.

Zeigt immer ein lächelndes Gesicht. Bewahrt jederzeit einen liebevollen Geist. Und sprecht wahrheitsgemäß, ohne Bosheit.

Redet ihr zu viel und mit wenig Sinn, begeht ihr Fehler. Sprecht daher mit Maß und nur, wenn es nötig ist.

Wenn ihr vielen sinnlosen Tätigkeiten nachgeht, werden eure tugendhaften Tätigkeiten degenerieren. Unterlasst deshalb Tätigkeiten, die nicht spirituell sind.

Es ist absolut sinnlos, Energie in Tätigkeiten zu investieren, die keine Essenz haben.

Wenn die Dinge, die ihr euch wünscht, nicht eintreten, so geschieht dies aufgrund von Karma, das vor langer Zeit erschaffen wurde. Bewahrt deshalb einen glücklichen und entspannten Geist.

Nehmt euch in Acht: Ein heiliges Wesen zu beleidigen ist schlimmer als Sterben. Seid deshalb ehrlich und offen.

Da alles Glück und Leiden dieses Lebens aus früheren Handlungen entsteht, gebt nicht anderen die Schuld.

Alles Glück entsteht aus den Segnungen eures spirituellen Meisters. Erwidert deshalb stets seine Güte.

Da ihr den Geist anderer nicht zähmen könnt, solange ihr nicht euren eigenen gezähmt habt, beginnt mit der Zähmung eures eigenen Geistes.

Da ihr mit Sicherheit ohne den Reichtum, den ihr angesammelt habt, von hier scheiden müsst, sammelt nicht um des Reichtums willen Negativität an.

Ablenkende Vergnügen haben keine Essenz, praktiziert deshalb aufrichtig Geben.

Haltet immer reine moralische Disziplin, denn sie führt zu Schönheit in diesem Leben und zu Glück in der Zukunft.

Da Hass in diesen unreinen Zeiten weit verbreitet ist, legt die Rüstung der Geduld an, frei von Wut.

Durch die Kraft der Faulheit bleibt ihr in Samsara. Entfacht deshalb das Feuer des Bemühens der Anwendung.

Indem wir Ablenkungen frönen, verschwenden wir unser menschliches Leben. Daher ist jetzt die Zeit, Konzentration zu üben.

Wenn ihr unter dem Einfluss falscher Sichtweisen steht, erkennt ihr die endgültige Natur der Dinge nicht. Deshalb untersucht korrekte Bedeutungen.

Freunde, in diesem Sumpf von Samsara gibt es kein Glück. Begebt euch deshalb auf den festen Boden der Befreiung.

Meditiert gemäß dem Rat eures spirituellen Meisters und trocknet den Fluss samsarischen Leidens aus.

Denkt gut über all dies nach, denn es sind nicht bloß Worte aus dem Mund, sondern aufrichtige Ratschläge aus dem Herzen.

Praktiziert ihr auf diese Weise, dann werdet ihr mich erfreuen und euch selbst und anderen Glück schenken.

Ich, der unwissend ist, bitte euch, nehmt euch diesen Rat zu Herzen.

Diesen Rat gab der Ehrwürdige Atisha, das heilige Wesen, dem Ehrwürdigen Jang Chub Ö.

Die drei Hauptaspekte des Pfades

Ehrerbietung dem ehrwürdigen spirituellen Meister

Ich werde, so gut ich es kann,
Die essenzielle Bedeutung der Lehren der Eroberer erklären,
Den Pfad, der von den heiligen Bodhisattvas gepriesen wird,
Und das Tor für die von Glück Begünstigten, die Befreiung suchen.

Ihr, die ihr nicht an den Freuden Samsaras haftet,
Sondern danach strebt, eurer Freiheit und Ausstattung Bedeutung zu verleihen,
O von Glück Begünstigte, die ihr euch bemüht auf dem Pfad, der die Eroberer erfreut,
Bitte hört mit einem klaren Geist zu.

Ohne reine Entsagung gibt es keine Möglichkeit,
Die Anhaftung an die Vergnügen Samsaras zu befrieden;
Und da Lebewesen eng gefesselt sind durch das Verlangen nach Samsara,
Beginnt mit dem Streben nach Entsagung.

Freiheit und Ausstattung sind schwer zu finden und es gilt
  keine Zeit zu verschwenden.
Indem ihr euren Geist damit vertraut macht, überwindet
  Anhaftung an dieses Leben;
Und indem ihr wiederholt über Handlungen und
  Wirkungen
Und über die Leiden Samsaras nachdenkt, überwindet
  Anhaftung an zukünftige Leben.

Wenn durch diese Kontemplation das Verlangen nach den
  Vergnügen Samsaras
Nicht mehr entsteht, nicht einmal für einen Augenblick,
Sondern Tag und Nacht ein Geist entsteht, der sich nach
  Befreiung sehnt,
Dann wurde Entsagung erzeugt.

Wenn diese Entsagung jedoch nicht aufrechterhalten wird
Durch vollkommen reinen Bodhichitta,
Wird sie keine Ursache für das vollendete Glück der
  unübertroffenen Erleuchtung sein;
Deshalb erzeugen die Weisen einen erhabenen Bodhichitta.

Von der Strömung der vier mächtigen Flüsse mitgerissen,
Eng gefesselt durch die Ketten des Karmas, die so schwer
  zu lösen sind,
Gefangen im eisernen Netz des Festhaltens am Selbst,
Vollkommen umgeben von der pechschwarzen Dunkelheit
  der Unwissenheit,

Wiedergeburt um Wiedergeburt erfahrend im grenzenlosen
  Samsara
Und unaufhörlich gepeinigt von den drei Leiden -

Indem ihr über den Zustand eurer Mütter in Umständen
  wie diesen nachdenkt,
Erzeugt den erhabenen Geist [des Bodhichittas].

Doch selbst wenn ihr mit Entsagung und Bodhichitta
  vertraut seid,
Werdet ihr die Wurzel Samsaras nicht durchschneiden
  können,
Wenn ihr nicht die Weisheit besitzt, die erkennt wie die
  Dinge sind.
Strebt deshalb nach den Mitteln, die abhängige Beziehung
  zu erkennen.

Wer das vorgestellte Objekt des Festhaltens am Selbst
  verneint,
Die Unfehlbarkeit von Ursache und Wirkung
Aller Phänomene in Samsara und Nirvana aber sieht,
Hat den Pfad betreten, der die Buddhas erfreut.

In abhängiger Beziehung stehende Erscheinung ist
  unfehlbar,
Und Leerheit lässt sich nicht beschreiben;
Solange die Bedeutung dieser beiden getrennt zu sein
  scheint,
Habt ihr die Absicht Buddhas noch nicht erkannt.

Wenn sie als eines entstehen, nicht abwechselnd, sondern
  gleichzeitig,
Durch bloßes Sehen von unfehlbarer abhängiger
  Beziehung,
Bildet sich das sichere Wissen, das jedes Festhalten an
  Objekten zerstört.
Zu dieser Zeit ist die Analyse der Sicht vollendet.

Wenn sich ferner das Extrem der Existenz durch
   Erscheinung auflöst
Und sich das Extrem der Nichtexistenz durch Leerheit
   auflöst
Und ihr wisst, wie Leerheit als Ursache und Wirkung
   wahrgenommen wird,
Werdet ihr nicht von extremen Sichtweisen gefangen
   genommen.

Wenn ihr auf diese Weise die wesentlichen Punkte
Der drei Hauptaspekte des Pfades richtig verstanden habt,
Meine Lieben, zieht euch in die Einsamkeit zurück, strengt
   euch an
Und verwirklicht schnell das letzte Ziel.

Kolophon: Beide Texte wurden unter der mitfühlenden Leitung des Ehrwürdigen Geshe Kelsang Gyatso übersetzt.

Glossar

Achtsamkeit Ein geistiger Faktor, dessen Funktion es ist, das Objekt, das der primäre Geist erkennt, nicht zu vergessen. Siehe *Den Geist verstehen*.

Allgemeines Bild Das erscheinende Objekt eines begrifflichen Geistes. Ein allgemeines oder geistiges Bild eines Objektes gleicht einer Widerspiegelung dieses Objektes. Ein begrifflicher Geist versteht sein Objekt durch die Erscheinung eines allgemeinen Bildes des Objektes, nicht indem er es direkt sieht. Siehe *Den Geist verstehen*.

Anfangslose Zeit Gemäß buddhistischer Weltsicht gibt es keinen Anfang des Geistes und somit keinen Anfang der Zeit. Deshalb haben alle fühlenden Wesen zahllose frühere Wiedergeburten angenommen.

Anhaftung Ein verblendeter geistiger Faktor, der ein verunreinigtes Objekt beobachtet, es als Ursache von Glück ansieht und es haben will. Siehe *Freudvoller Weg des Glücks* und *Den Geist verstehen*.

Atisha (982 - 1054 n. Chr.) Ein berühmter indischer buddhistischer Gelehrter und Meditationsmeister. In der Blütezeit des Mahayana Buddhismus in Indien war er Abt des großen buddhistischen

Klosters Vikramashila. Später wurde er nach Tibet eingeladen, wo er den reinen Buddhismus wieder einführte. Er ist der Verfasser des ersten Textes über die Stufen des Pfades, Eine Lampe für den Pfad. Seine Tradition wurde später als «Kadampa Tradition» bekannt. Siehe *Moderner Buddhismus* und *Freudvoller Weg des Glücks*.

Begierdebereich Der Bereich der Höllenwesen, hungrigen Geister, Tiere, Menschen, Halbgötter und Götter, die die fünf Objekte der Begierde genießen.

Begrifflicher Geist Ein Gedanke, der sein Objekt durch ein allgemeines oder geistiges Bild erfasst. Siehe *Den Geist verstehen*.

Bekenntnis Die Reinigung negativen Karmas mittels der vier Gegenkräfte: der Kraft des Vertrauens, der Kraft des Bedauerns, der Kraft des Gegenmittels und der Kraft des Versprechens. Siehe *Das Bodhisattva Gelübde* und *Allumfassendes Mitgefühl*.

Berg Meru Nach buddhistischer Kosmologie ein göttlicher Berg in der Mitte des Universums.

Bewusstsein Die sechs Bewusstseinsarten oder primären Geistesarten sind das Augenbewusstsein, das Ohrenbewusstsein, das Nasenbewusstsein, das Zungenbewusstsein, das Körperbewusstsein und das geistige Bewusstsein. Siehe *Den Geist verstehen*.

Bodhichitta Sanskritbegriff für «Erleuchtungsgeist». «Bodhi» bedeutet Erleuchtung und «Chitta» bedeutet «Geist». Es gibt zwei Arten von Bodhichitta: konventionellen und endgültigen Bodhichitta. Im Allgemeinen bezieht sich der Begriff «Bodhichitta» auf konventionellen Bodhichitta, einen Geist, der spontan die Erleuchtung anstrebt, um allen Lebewesen zu helfen. Es gibt zwei Arten von konventionellem Bodhichitta – anstrebenden Bodhichitta und ausübenden Bodhichitta. Anstrebender Bodhichitta ist der bloße Wunsch, Erleuchtung zum Wohle aller Lebewesen zu erlangen. Ausübender Bodhichitta ist ein Bodhichitta, der von den Bodhisattva Gelübden gehalten wird. Endgültiger Bodhichitta ist eine Weisheit, die durch konventionellen Bodhichitta motiviert ist und Leerheit, die endgültige Natur der Phänomene, direkt verwirklicht. Im Allgemeinen gibt es zwei Methoden, konventionellen Bodhichitta zu erzeugen: die der Siebenfachen Ursache und Wirkung und die des Gleichstellens und Austauschens vom Selbst mit anderen. Das System, das in *Das neue Meditationshandbuch* dargelegt wird, ist eine Synthese dieser zwei Traditionen. Vgl. auch *Siebenfache Ursache und Wirkung*. Siehe *Moderner Buddhismus*, *Freudvoller Weg des Glücks*, *Acht Schritte zum Glück* und *Sinnvoll zu betrachten*.

Bodhisattva Eine Person, die spontanen Bodhichitta entwickelt hat, aber noch kein Buddha ist. In dem Moment, wenn ein Praktizierender oder eine Praktizierende nichtkünstlichen oder spontanen Bodhichitta erzeugt, wird er oder sie ein Bodhisattva und betritt den ersten Mahayanapfad, den Pfad der Ansammlung. Ein gewöhnlicher Bodhisattva ist jemand, der Leerheit nicht direkt verwirklicht hat. Ein höherer Bodhisattva ist jemand, der eine direkte Verwirklichung von Leerheit erlangt hat. Siehe *Freudvoller Weg des Glücks* und *Sinnvoll zu betrachten*.

Bodhisattva Gelübde Vgl. *Gelübde*.

Buddha Im Allgemeinen bedeutet «Buddha» «Erwachter», jemand, der aus dem Schlaf der Unwissenheit erwacht ist und die Dinge so sieht, wie sie wirklich sind. Ein Buddha ist eine Person, die vollkommen frei von allen Fehlern und geistigen Behinderungen ist. Jedes Lebewesen hat das Potenzial, ein Buddha zu werden. Siehe *Freudvoller Weg des Glücks*.

Buddhadharma Vgl. *Dharma*.

Buddha Natur Der Ursprungsgeist eines fühlenden Wesens und seine endgültige Natur. Buddha Same, Buddha Natur und Buddha Linie sind Synonyme. Alle fühlenden Wesen besitzen Buddha Natur und deshalb das Potenzial, Buddhaschaft zu erlangen. Siehe *Mahamudra Tantra*.

Buddha Same Vgl. *Buddha Natur*

Buddhaschaft Synonym für volle Erleuchtung. Vgl. *Erleuchtung*.

Buddha Shakyamuni Der Buddha, der der Gründer der buddhistischen Religion ist. Siehe *Einführung in den Buddhismus*.

Buddhist Jeder, der aus der Tiefe seines Herzens Zuflucht zu den Drei Juwelen nimmt – zum Buddha Juwel, zum Dharma Juwel und zum Sangha Juwel. Siehe *Einführung in den Buddhismus*.

Dharma Buddhas Lehre und die inneren Verwirklichungen, die erlangt werden, wenn wir sie praktizieren. «Dharma» bedeutet «Schutz». Indem wir Buddhas Lehre praktizieren, schützen wir uns selbst vor Leiden und Problemen.

Drei Hauptaspekte des Pfades Die Verwirklichungen von Entsagung, Bodhichitta und Leerheit realisierender Weisheit. Siehe *Freudvoller Weg des Glücks*.

Drei höhere Schulungen Schulung in moralischer Disziplin, Konzentration und Weisheit, motiviert durch Entsagung oder Bodhichitta. Siehe *Freudvoller Weg des Glücks* und *Moderner Buddhismus*.

Drei Juwelen Die drei Objekte der Zuflucht: das Buddha Juwel, das Dharma Juwel und das Sangha Juwel. Sie werden «Juwelen» genannt, weil sie sowohl selten als auch kostbar sind. Siehe *Freudvoller Weg des Glücks*.

Energiewinde Vgl. *Innere Winde*.

Erleuchtung Allwissende Weisheit, frei von allen fehlerhaften Erscheinungen. Siehe *Verwandle dein Leben* und *Freudvoller Weg des Glücks*.

Festhalten am Selbst Ein begrifflicher Geist, der jedes Phänomen für inhärent existierend hält. Der am Selbst festhaltende Geist lässt alle anderen Verblendungen wie Wut und Anhaftung entstehen. Er ist der Hauptursprung für alles Leiden und alle Unzufriedenheit. Siehe *Das neue Herz der Weisheit* und *Ozean von Nektar*.

Formbereich Der Bereich der Götter, die Form besitzen und den Göttern des Begierdebereiches überlegen sind. Sie werden so genannt, weil die Götter, die diesen Bereich bewohnen, subtile Formanhäufungen haben. Siehe *Ozean von Nektar*.

Formloser Bereich Der Bereich der Götter, die keine Form besitzen.

Fühlendes Wesen Vgl. Lebewesen.

Geist Das, was Klarheit ist und erkennt. Der Geist ist Klarheit, weil es ihm immer an Form fehlt und weil er die eigentliche Kraft besitzt, Objekte wahrzunehmen. Der Geist erkennt, weil er die Funktion hat, Objekte zu kennen oder wahrzunehmen. Siehe *Wie wir den Geist verstehen*, *Das klare Licht der Glückseligkeit* und *Mahamudra Tantra*.

Geistiges Bild Vgl. *Allgemeines Bild*.

Gelübde Ein tugendhafter Entschluss bestimmte Fehler aufzugeben, der in Verbindung mit einem traditionellen Ritual erzeugt wird. Die drei Gruppen von Gelübden sind die Pratimoksha Gelübde der individuellen Befreiung, die Bodhisattva Gelübde und die Gelübde des Geheimen Mantras oder tantrischen Gelübde. Siehe *Das Bodhisattva Gelübde* und *Tantrische Ebenen und Pfade*.

Geschmeidigkeit Es gibt zwei Arten von Geschmeidigkeit: geistige und körperliche. Geistige Geschmeidigkeit ist eine Beweglichkeit des Geistes, die durch tugendhafte Konzentration hervorgerufen wird. Körperliche Geschmeidigkeit ist ein leichtes und bewegliches Objekt des Tastsinnes in unserem Körper, das sich durch Meditation entwickelt, wenn ein reiner Wind den Körper durchdringt.

Geshe Ein Titel, der vollendeten buddhistischen Gelehrten von Kadampa Klöstern verliehen wird. Eine Abkürzung, die aus dem Tibetischen «Ge wai she nyen» hergeleitet wird, was wörtlich «tugendhafter Freund» bedeutet.

Gewissenhaftigkeit Ein geistiger Faktor, der in Abhängigkeit von Bemühen Tugendhaftes schätzt und den Geist vor Verblendung und Nichttugend beschützt. Siehe *Sinnvoll zu betrachten* und *Wie wir den Geist verstehen*.

Glück Es gibt zwei Arten von Glück: weltliches und überweltliches. Weltliches Glück ist das begrenzte Glück, das in Samsara gefunden werden kann, etwa das Glück von Menschen und Göttern. Überweltliches Glück ist das reine Glück der Befreiung und Erleuchtung.

Guru Vgl. Spiritueller Meister.

Hellsicht Fähigkeiten, die aus besonderer Konzentration entstehen. Es gibt fünf Hauptarten der Hellsicht: die Hellsicht des göttlichen Auges (die Fähigkeit, subtile und entfernte Formen zu sehen), die Hellsicht des göttlichen Ohres (die Fähigkeit, subtile und entfernte Laute zu hören), die Hellsicht der Wunderkräfte (die Fähigkeit, verschiedene Formen durch den Geist zu emanieren), die Hellsicht der Kenntnis früherer Leben und die Hellsicht, den Geist anderer zu kennen. Manche Wesen, wie zum Beispiel Bardowesen und manche Menschen und Geister, haben aufgrund von Karma verunreinigte Hellsicht; sie ist aber nicht die eigentliche Hellsicht.

Herzkanal-Rad Das Kanal-Rad (Skrt. Chakra) in unserem Herzen. Manchmal auch «spirituelles Herz» genannt. Siehe *Das Klare Licht der Glückseligkeit*, *Mahamudra Tantra* und *Tantrische Ebenen und Pfade*.

Höchstes Yoga Tantra Der erhabene schnelle Pfad zur Erleuchtung. Die Lehren des Höchsten Yoga Tantras sind Buddhas endgültige Absicht. Siehe *Mahamudra Tantra*, *Moderner Buddhismus* und *Tantrische Ebenen und Pfade*.

Höhere Absicht Der durch Mitgefühl motivierte Entschluss, persönlich Verantwortung dafür zu übernehmen, andere von Leiden zu befreien und sie zum vollkommenen Glück zu führen. Siehe *Freudvoller Weg des Glücks*.

GLOSSAR

Höheres Wesen «Arya» in Sanskrit. Jemand, der Leerheit direkt verwirklicht hat. Es gibt Hinayana-Höhere und Mahayana-Höhere.

Innere Winde Besondere subtile Winde, die mit dem Geist in Beziehung stehen und durch die Kanäle unseres Körpers fließen. Unser Körper und Geist können ohne diese Winde nicht funktionieren. Siehe *Das Klare Licht der Glückseligkeit*, *Moderner Buddhismus*, *Mahamudra Tantra* und *Tantrische Ebenen und Pfade*.

Je Tsongkhapa (1357 – 1419 n. Chr.) Eine Emanation des Buddhas der Weisheit, Manjushri, dessen Erscheinen als Mönch und Halter der reinen Sicht und reinen Taten im Tibet des vierzehnten Jahrhunderts von Buddha prophezeit wurde. Er verbreitete in ganz Tibet einen sehr reinen Buddhadharma und zeigte, wie man die Übungen von Sutra und Tantra miteinander verbindet, und reinen Dharma in degenerierten Zeiten praktiziert. Seine Tradition wurde später als «Gelug» oder «Ganden Tradition» bekannt. Siehe *Herzjuwel* und *Große Schatzkammer der Verdienste*.

Kadampa Ein tibetischer Begriff. «Ka» bedeutet Wort und bezieht sich auf alle Lehren Buddhas. «Dam» bezieht sich auf die besonderen Lamrim Anleitungen von Atisha, bekannt als die «Stufen des Pfades zur Erleuchtung». Und «pa» bezieht sich auf einen Anhänger des Kadampa Buddhismus, der alle Lehren Buddhas, die er kennt, in seine Lamrim Praxis einbezieht. Siehe *Moderner Buddhismus*.

Karma Sanskritbegriff, bedeutet «Handlung». Durch die Kraft der Absicht führen wir mit Körper, Rede und Geist Handlungen aus, die alle Auswirkungen hervorrufen. Die Auswirkung tugendhafter Handlungen ist Glück und die Auswirkung negativer Handlungen ist Leiden. Siehe *Freudvoller Weg des Glücks*.

Klares Licht Ein manifester sehr subtiler Geist, der eine Erscheinung gleich einem klaren, leeren Raum wahrnimmt. Siehe *Das Klare Licht der Glückseligkeit*, *Mahamudra Tantra*, *Moderner Buddhismus* und *Tantrische Ebenen und Pfade*.

Konzentration Ein geistiger Faktor, der seinen primären Geist eingerichtet auf seinem Objekt ruhen lässt. Siehe *Freudvoller Weg des Glücks* und *Den Geist verstehen*.

Lamrim Ein tibetischer Begriff, der wörtlich «die Stufen des Pfades» bedeutet. Eine besondere Anordnung aller Lehren Buddhas, die leicht zu verstehen und zu praktizieren ist. Sie enthüllt alle Stufen des Pfades zur Erleuchtung. Auch bekannt als Kadam Lamrim. Ein vollständiger Kommentar ist *Freudvoller Weg des Glücks*.

Lebenserhaltender Wind Ein innerer Energiewind, der im Herzchakra weilt. Dieser Wind hat drei Ebenen: grob, subtil und sehr subtil. Es ist der sehr subtile Wind, der von Leben zu Leben geht und den sehr subtilen Geist trägt. Siehe *Das Klare Licht der Glückseligkeit* und *Sinnvoll leben – freudvoll sterben*.

Lebewesen Synonym mit fühlenden Wesen. Jedes Wesen, das einen von Verblendungen oder deren Prägungen verunreinigten Geist besitzt. Sowohl «fühlendes Wesen» als auch «Lebewesen» sind Begriffe, um Wesen, deren Geist von der einen oder anderen Behinderung verunreinigt ist, von Buddhas, deren Geist völlig frei von diesen Behinderungen ist, zu unterscheiden.

Leerheit Das Fehlen inhärenter Existenz, die endgültige Natur der Phänomene. Siehe *Das neue Herz der Weisheit*, *Moderner Buddhismus*, *Verwandle Dein Leben* und *Ozean von Nektar*.

Mahayana Sanskritbegriff für «Großes Fahrzeug», den spirituellen Pfad zur großen Erleuchtung. Das Ziel des Mahayana ist, Buddhaschaft zum Wohle aller fühlenden Wesen zu erlangen, indem alle Verblendungen und deren Prägungen vollständig aufgegeben werden. Siehe *Freudvoller Weg des Glücks* und *Sinnvoll zu betrachten*.

Manjushri Die Verkörperung der Weisheit aller Buddhas. Siehe *Große Schatzkammer der Verdienste* und *Herzjuwel*.

Mantra Sanskritbegriff, bedeutet wörtlich «Schutz des Geistes». Mantra beschützt den Geist vor gewöhnlichen Erscheinungen und Vorstellungen. Es gibt vier Arten von Mantras: Mantras, die Geist sind, Mantras, die innerer Wind sind, Mantras, die Klang sind und Mantras, die Form sind. Im Allgemeinen gibt es drei Arten der Mantrarezitation: verbale Rezitation, geistige Rezitation und Vajrarezitation. Siehe *Tantrische Ebenen und Pfade*.

Milarepa (1040 – 1123 n. Chr.) Ein großer tibetischer buddhistischer Meditierender und Schüler von Marpa, berühmt für seine wunderschönen Lieder der Verwirklichung.

Moralische Disziplin Ein tugendhafter geistiger Entschluss, einen Fehler aufzugeben, oder eine körperliche oder sprachliche Handlung, die durch diesen Entschluss motiviert ist. Siehe *Freudvoller Weg des Glücks* und *Sinnvoll zu betrachten*.

Neun Ebenen des geistigen Verweilens Neun Ebenen der Konzentration, die zu ruhigem Verweilen führen. Es sind: Verweilen des Geistes, Kontinuierliches Verweilen, Wiederverweilen, Nahes Verweilen, Kontrollieren, Befrieden, Vollständiges Befrieden, Einsgerichtetheit und Verweilen im Gleichgewicht. Siehe *Freudvoller Weg des Glücks* und *Sinnvoll zu betrachten*.

Nichtbegrifflicher Geist Ein Erkenner, dessen Objekt klar erscheint, ohne mit einem allgemeinen Bild vermischt zu sein. Siehe *Wie wir den Geist verstehen*.

Nichttugendhafte Handlungen Pfade, die in die niederen Bereiche führen. Es gibt zahllose nichttugendhafte Handlungen, die meisten sind jedoch in den zehn folgenden enthalten: Töten, Stehlen, sexuelles Fehlverhalten, Lügen, trennende Rede, verletzende Rede, leeres Geschwätz, Begehrlichkeit, Böswilligkeit und falsche Sichtweisen. Siehe *Freudvoller Weg des Glücks*.

Prägung Es gibt zwei Arten von Prägungen: Prägungen von Handlungen und Prägungen von Verblendungen. Jede Handlung, die wir ausführen, hinterlässt eine Prägung im geistigen Bewusstsein. Diese Prägungen sind karmische Potenziale, die uns in Zukunft bestimmte Auswirkungen erfahren lassen. Diese durch Verblendungen entstandenen Prägungen, bleiben noch bestehen, selbst nachdem die eigentlichen Verblendungen aufgegeben worden sind. So wie etwa der Geruch von Knoblauch in einem Gefäß zurückbleibt, nachdem der Knoblauch entfernt wurde. Die Prägungen der Verblendungen sind Behinderungen zur Allwissenheit und werden nur von Buddhas vollständig aufgegeben.

Pratimoksha Sanskritbegriff für «individuelle Befreiung». Siehe *Das Bodhisattva Gelübde*.

Rad des Dharmas Buddha gab seine Unterweisungen in drei wesentlichen Phasen, den «Drei Drehungen des Dharma Rades». Während der ersten Drehung lehrte er die Vier Edlen Wahrheiten. Während der zweiten Drehung lehrte er die *Sutras der Vollkommenheit der Weisheit* und enthüllte die Madhyamika-Prasangika Sicht. Während der dritten Drehung lehrte er die Chittamatra Sicht. Jene Lehren wurden entsprechend der Neigung und Veranlagung der Schüler gegeben. Buddhas endgültige Sicht ist die der zweiten Drehung des Rades. Dharma wird mit dem kostbaren Rad verglichen, eines der Besitztümer des legendären Chakravatin Königs. Dieses Rad trug den König in sehr kurzer Zeit über große Entfernungen und es hieß, dass der König dort regierte, wohin ihn das kostbare Rad trug. In gleicher Weise wird gesagt, dass Buddha, als er den Pfad zur Erleuchtung enthüllte, das Dharma Rad drehte. Denn wo immer diese Lehren gegenwärtig sind, werden verblendete Geisteszustände unter Kontrolle gebracht.

Reine Land Eine reine Umgebung, in der es keine wahren Leiden gibt. Es gibt viele Reine Länder. Tushita zum Beispiel ist das Reine Land von Buddha Maitreya. Sukhavati ist das Reine Land von

Buddha Amitabha. Und Dakiniland oder Keajra ist das Reine Land von Buddha Vajrayogini und Buddha Heruka. Siehe *Sinnvoll leben – freudvoll sterben* und *Der neue Führer ins Dakiniland*.

Reinigung Im Allgemeinen jede Praxis, die zur Erlangung eines reinen Körpers, einer reinen Rede oder eines reinen Geistes führt. Im Besonderen ist es eine Praxis, negatives Karma mit den vier Gegenkräften zu reinigen. Siehe *Das Bodhisattva Gelübde* und *Freudvoller Weg des Glücks*.

Retreat Eine Zeitspanne, in der wir unsere Handlungen von Körper, Rede und Geist in verschiedener Weise einschränken, damit wir uns besser auf eine bestimmte spirituelle Praxis konzentrieren können. Siehe *Herzjuwel*.

Sangha Gemäß der Vinaya Tradition jede Gemeinschaft von vier oder mehr vollordinierten Mönchen oder Nonnen. Im Allgemeinen können auch Ordinierte oder Laien, die die Bodhisattva oder tantrischen Gelübde abgelegt haben, als Sangha angesehen werden. Siehe *Freudvoller Weg des Glücks*

Segnungen Tibetisch «jin gyi lob pa». Die Umwandlung unseres Geistes von einem negativen zu einem positiven Zustand, von einem unglücklichen zu einem glücklichen Zustand oder von einem Zustand der Schwäche zu einem Zustand der Stärke, durch die Inspiration von heiligen Wesen, wie unserem spirituellen Meister, den Buddhas und Bodhisattvas.

Shantideva (687 – 763 n. Chr.) Ein großer indischer buddhistischer Gelehrter und Meditationsmeister. Er verfasste den *Leitfaden für die Lebensweise eines Bodhisattvas*. Siehe *Sinnvoll zu betrachten*.

Sich veränderndes Leiden Für samsarische Wesen ist jede Erfahrung von Glück oder Freude, die aus samsarischen Vergnügen entsteht, sich veränderndes Leiden. Denn diese Erfahrungen sind verunreinigt und in der Natur von Leiden. Siehe *Freudvoller Weg des Glücks*.

Siebenfache Ursache und Wirkung Eine Methode Bodhichitta zu erzeugen, in der wir zuneigungsvolle Liebe vor allem dadurch entwickeln, dass wir alle Lebewesen als unsere Mütter erkennen und uns an ihre Güte erinnern. Siehe *Freudvoller Weg des Glücks*.

Spiritueller Meister «Guru» in Sanskrit und «Lama» auf Tibetisch. Ein Lehrer, der uns entlang des spirituellen Pfades führt. Siehe *Freudvoller Weg des Glücks* und *Große Schatzkammer der Verdienste*.

Stufen des Pfades Vgl. *Lamrim*.

Sutra Die Lehren Buddhas, die von allen auch ohne Ermächtigung praktiziert werden können. Sie beinhalten Buddhas Lehren der drei Drehungen des Dharma Rades. Siehe *Moderner Buddhismus*.

Tantra Synonym mit «Geheimen Mantra». Tantrische Unterweisungen unterscheiden sich von Sutra Unterweisungen, indem sie Methoden der Geistesschulung enthüllen, die das zukünftige Ergebnis, Buddhaschaft, in den gegenwärtigen Pfad bringen. Tantrische Praktizierende überwinden gewöhnliche Erscheinungen und Vorstellungen, indem sie ihren Körper, ihre Umgebung, Vergnügen und Taten als die eines Buddhas visualisieren. Tantra ist der höchste Pfad zur vollen Erleuchtung. Tantrische Übungen sollten im Geheimen ausgeübt werden und nur von denjenigen, die eine tantrische Ermächtigung erhalten haben. Siehe *Mahamudra Tantra*, *Moderner Buddhismus*, und *Tantrische Ebenen und Pfade*.

Vajra Das Sanskritwort «Vajra» bedeutet im Allgemeinen unzerstörbar wie ein Diamant und machtvoll wie ein Blitzschlag. Im Zusammenhang mit dem Geheimen Mantra kann es die Untrennbarkeit von Methode und Weisheit, allwissende große Weisheit oder spontane große Glückseligkeit bedeuten. Es ist ebenso der Name für einen Ritualgegenstand aus Metall. Siehe *Tantrische Ebenen und Pfade*.

Vajradhara Der Gründer des Vajrayana oder Tantra. Er ist das gleiche Geisteskontinuum wie Buddha Shakyamuni, zeigt aber einen anderen Aspekt. Buddha Shakyamuni erscheint im Aspekt eines Emanationskörpers und Eroberer Vajradhara erscheint im Aspekt eines Freudenkörpers. Siehe *Große Schatzkammer der Verdienste*.

Vajrahaltung Eine vollkommene Haltung für die Meditation, bei der die Beine in der vollen Vajrahaltung gekreuzt sind. Dabei ruht der linke Fuß mit der Sohle nach oben auf dem rechten Oberschenkel und der rechte Fuß mit der Sohle nach oben auf dem linken Oberschenkel. Die rechte Hand liegt in der linken, wobei beide Handflächen nach oben zeigen und die erhobenen Daumen sich auf der Höhe des Nabels berühren. Der Rücken ist gerade, die Schultern sind eben. Die Lippen sind leicht geschlossen, der Kopf ist leicht nach vorne geneigt und die Augen sind weder weit geöffnet noch fest geschlossen, sondern entweder leicht geöffnet oder sanft geschlossen. Siehe *Freudvoller Weg des Glücks*.

Verblendung Ein geistiger Faktor, der aus unangemessener Aufmerksamkeit entsteht und die Funktion hat, den Geist unfriedlich und unkontrolliert werden zu lassen. Es gibt drei Hauptverblendungen: Unwissenheit, begehrende Anhaftung und Wut. Aus diesen entstehen alle anderen Verblendungen wie Neid, Stolz und verblendeter Zweifel. Siehe *Freudvoller Weg des Glücks* und *Wie wir den Geist verstehen*.

Verdienst Das Glück, das durch tugendhafte Handlungen erschaffen wird. Es ist die potenzielle Kraft, unsere guten Eigenschaften zu vermehren und Glück zu erzeugen.

Vertrauen Ein geistiger Faktor, der hauptsächlich dazu dient, Nichtvertrauen zu beseitigen. Ein von Natur aus tugendhafter Geist, der in erster Linie die Funktion hat, der Wahrnehmung von Fehlern im beobachteten Objekt entgegenzuwirken. Es gibt drei Arten von Vertrauen: glaubendes Vertrauen, bewunderndes Vertrauen und wünschendes Vertrauen. Siehe *Moderner Buddhismus*, *Verwandle dein Leben* und *Freudvoller Weg des Glücks*.

Verwirklichung Eine stabile und nichtfehlerhafte Erfahrung eines tugendhaften Objektes, die uns unmittelbar vor Leiden schützt.

Vollendungsstufe Verwirklichungen des Höchsten Yoga Tantras, die in Abhängigkeit vom Eintreten, Verweilen und Auflösen der Winde im Zentralkanal durch die Kraft der Meditation entwickelt werden. Siehe *Das Klare Licht der Glückseligkeit*, *Mahamudra Tantra*, *Moderner Buddhismus* und *Tantrische Ebenen und Pfade*.

Wachsamkeit Ein geistiger Faktor, der eine Art von Weisheit ist, die die Tätigkeiten unseres Körpers, unserer Rede und unseres Geistes untersucht und der weiß, ob Fehler entstehen oder nicht. Siehe *Den Geist verstehen*.

Widmung Die Widmung ist von Natur aus ein tugendhafter geistiger Faktor. Es ist die tugendhafte Absicht, die sowohl bewirkt, dass die angesammelte Tugend nicht degeneriert, als auch, dass sie anwächst. Siehe *Freudvoller Weg des Glücks*

Wunderkräfte Vgl. *Hellsicht*.

Wunscherfüllendes Juwel Ein legendäres Juwel, das wie Aladins Wunderlampe alle Wünsche gewährt.

Wut Ein verblendeter geistiger Faktor, der sein verunreinigtes Objekt beobachtet, seine schlechten Eigenschaften übertreibt, es als nicht begehrenswert ansieht und ihm schaden will. Siehe *Den Geist verstehen* und *Wie wir unsere Probleme lösen*.

Zufriedenheit Durch eine tugendhafte Absicht motiviert mit seinen inneren und äußeren Umständen zufrieden zu sein.

Zuschreibung, bloße Gemäß der höchsten Schule buddhistischer Philosophie, der Madhyamika-Prasangika Schule, werden alle Phänomene in Abhängigkeit von ihrer Grundlage der Zuschreibung bloß durch Vorstellung zugeschrieben. Deshalb sind sie bloße

Zuschreibung und existieren nicht im Geringsten aus sich selbst heraus. Siehe *Verwandle Dein Leben* und *Das neue Herz der Weisheit*

Bibliografie

Geshe Kelsang Gyatso ist ein hoch angesehener Meditationsmeister und Gelehrter der buddhistischen Mahayana Tradition, die von Je Tsongkhapa gegründet wurde. Seit er im Jahre 1977 in den Westen kam, hat er unermüdlich dafür gearbeitet, reinen Buddhadharma auf der ganzen Welt zu etablieren. Während dieser Zeit hat er ausführliche Unterweisungen über die wichtigsten Schriften des Mahayana gegeben. Diese Unterweisungen sind zum größten Teil bereits in Englisch und anderen Sprachen veröffentlicht und bilden eine umfassende Darstellung der essenziellen Übungen aus Sutra und Tantra des Mahayana Buddhismus.

Bücher

Folgende Titel von Geshe Kelsang werden vom Tharpa Verlag gegenwärtig auf Deutsch veröffentlicht:

Acht Schritte zum Glück Der buddhistische Weg der liebevollen Güte. (2001, überarb. Aufl. 2012)

Allumfassendes Mitgefühl Inspirierende Lösungen für schwierige Zeiten. (2. Aufl. 2006)

Einführung in den Buddhismus Eine Erklärung der buddhistischen Lebensweise. (5. Aufl. 2011)

Freudvoller Weg des Glücks Der vollständige buddhistische Pfad zur Erleuchtung. (3. Aufl. 2009

Führer ins Dakiniland Die Praxis des Höchsten Yoga Tantras von Vajrayogini. (2005)

Herzjuwel Die essenziellen Übungen des Kadampa Buddhismus. (1996)

Das klare Licht der Glückseligkeit Ein tantrisches Meditationshandbuch. (2004)

Leitfaden für die Lebensweise eines Bodhisattvas Wie man ein Leben, das bedeutungsvoll und altruistisch ist, genießt. (Eine Übersetzung von Shantidevas lyrischem Meisterwerk) (2003)

Mahamudra Tantra Der erhabene Herzjuwel Nektar (2006)

Moderner Buddhismus Der Weg des Mitgefühls und der Weisheit. (2011)

Das neue Herz der Weisheit Tiefgründige Lehren aus Buddhas Herzen (Eine Erklärung des Herz Sutra). (2013)

Das neue Meditationshandbuch Meditationen für ein glückliches und sinnvolles Leben. (2013)

Sinnvoll zu betrachten Die Lebensweise eines Bodhisattvas. (2000)

Verwandle dein Leben Eine glückselige Reise. (2. Aufl. 2005)

Wie wir den Geist verstehen Eine Erklärung der Natur und der Kraft des Geistes. (2013)

Wie wir unsere Probleme lösen Die Vier Edlen Wahrheiten. (2005)

BIBLIOGRAFIE

Sadhanas und andere Broschüren

Geshe Kelsang hat auch die Übersetzung einer Reihe wichtiger Sadhanas oder ritueller Gebete für spirituelle Erlangungen beaufsichtigt. In deutscher Sprache sind erschienen:

Der außergewöhnliche Yoga der Unvorstellbarkeit Die besondere Anleitung, wie man das Reine Land von Keajra mit diesem menschlichen Körper erreicht.

Avalokiteshvara Sadhana Gebete und Bitten an den Buddha des Mitgefühls.

Befreiung von Leid Gebete und Bitten an die einundzwanzig Taras.

Das Bekenntnis der moralischen Übertretungen des Bodhisattvas Die Reinigungspraxis des *Mahayana Sutras der drei höheren Anhäufungen* (Liegt in englischer Sprache vor.)

Dakini Yoga Die mittlere Sadhana für die Selbsterzeugung von Vajrayogini.

Darbringung an den spirituellen Meister (Lama Chöpa) Eine besondere Art, sich auf den spirituellen Meister zu verlassen.

Essenz des Glücks Gebete der sechs vorbereitenden Übungen für die Meditation über die Stufen des Pfades zur Erleuchtung.

Essenz des Vajrayanas Die Sadhana für die Selbsterzeugung des Heruka Körpermandalas gemäß dem System von Mahasiddha Ghantapa.

Fest der großen Glückseligkeit Sadhana der Selbsteinweihung von Vajrayogini

Gebete für die Meditation Kurze vorbereitende Gebete für die Meditation.

Gebete für den Weltfrieden.

Die Gelübde und Verpflichtungen des Kadampa Buddhismus.

Der glückselige Pfad Zusammenfassung der Sadhana für die Selbsterzeugung von Vajrayogini.

Große Befreiung der Mutter Vorbereitende Gebete für die Mahamudra Meditation in Verbindung mit der Vajrayogini Praxis.

Große Befreiung des Vaters Vorbereitende Gebete für die Mahamudra Meditation in Verbindung mit der Heruka Praxis.

Die Große Mutter Eine Methode, Behinderungen und Hindernisse durch die Rezitation des *Sutras der Essenz der Weisheit* (das *Herz Sutra*) zu überwinden.

Ein Handbuch zur täglichen Praxis der Bodhisattva Gelübde und der tantrischen Gelübde

Herzjuwel Der Guru Yoga von Je Tsongkhapa in Verbindung mit der zusammengefassten Sadhana seines Dharma Beschützers.

Die Kadampa Lebensweise Die essenzielle Praxis des Kadam Lamrim.

Klangvolle Trommel, siegreich in allen Richtungen Das ausführliche Erfüllungs- und Wiederherstellungsritual des Dharma Beschützers, des großen Königs Dorje Shugden, in Verbindung mit Mahakala, Kalarupa, Kalindewi und anderen Dharma Beschützern.

Meditation und Rezitation des Alleinigen Vajrasattvas.

Medizin Buddha Gebet Eine Methode, anderen zu helfen.

Medizin Buddha Sadhana Eine Methode, die Erlangungen von Medizin Buddha zu erreichen.

BIBLIOGRAFIE

Der Pfad des Mitgefühls für die Verstorbenen Powa Sadhana zum Nutzen der Verstorbenen. (Liegt in englischer Sprache vor.)

Der Pfad ins Reine Land Powa Schulung – die Übertragung des Bewusstseins.

Powa Zeremonie Bewusstseinsübertragung für Verstorbene.

Ein reines Leben Die Praxis des Nehmens und Einhaltens der acht Mahayana Grundsätze.

Schatzkammer der Weisheit Sadhana des Ehrwürdigen Manjushri.

Der schnelle Pfad zur großen Glückseligkeit Die ausführliche Sadhana der Selbsterzeugung von Vajrayogini

Tropfen des essenziellen Nektars Eine besondere Fasten- und Reinigungspraxis in Verbindung mit dem elfgesichtigen Avalokiteshvara.

Tiefempfundene Gebete Trauerfeier für Beerdigungen und Feuerbestattungen.

Vajra Held Yoga Eine kurze essenzielle Praxis der Selbsterzeugung des Heruka Körpermandalas.

Die Vereinigung des Nicht-mehr-Lernens Sadhana der Selbsteinweihung des Heruka Körpermandalas. (Liegt in englischer Sprache vor.)

Wunscherfüllendes Juwel Der Guru Yoga von Je Tsongkhapa in Verbindung mit der Sadhana seines Dharma Beschützers.

Das Wurzeltantra von Heruka und Vajrayogini. Kapitel 1 und 51 der *Zusammenfassung des Heruka Wurzel Tantras.* (Liegt in englischer Sprache vor.)

Der Urtext: Acht Verse der Geistesschulung (Liegt in englischer Sprache vor.)

Der Yoga der erleuchteten Mutter Arya Tara Sadhana der Selbsterzeugung.

Der Yoga der Großen Mutter Prajnaparamita Sadhana der Selbsterzeugung.

Der Yoga des tausendarmigen Avalokiteshvara Sadhana der Selbsterzeugung.

Der Yoga der Weißen Tara, des Buddhas des langen Lebens

Der Yoga von Buddha Amitayus Eine besondere Methode, Lebenszeit, Weisheit und Verdienste zu vergrößern.

Der Yoga von Buddha Maitreya Sadhana der Selbsterzeugung.

Der Yoga von Buddha Heruka Die kurze Sadhana der Selbsterzeugung des Heruka Körpermandalas & Zusammengefasster Yoga der sechs Sitzungen.

Der Yoga von Buddha Vajrapani Sadhana der Selbsterzeugung.

Zeremonie der Mahayana Zuflucht und des Bodhisattva Gelübdes. (Liegt in englischer Sprache vor.)

Zusammenfassung von Essenz des Vajrayanas Zusammenfassung der Sadhana für die Selbsterzeugung von Heruka Körpermandalas.

Um eine Verlagsveröffentlichung zu bestellen oder sich einen Katalog zuschicken zu lassen, besuchen Sie bitte www.tharpa.com/de oder setzen Sie sich mit einer Tharpa Niederlassung in Verbindung. (Eine Liste finden Sie auf Seite 233.)

NKT-IKBU

Die Studienprogramme des Kadampa Buddhismus

Der Kadampa Buddhismus ist eine Schule des Mahayana Buddhismus. Er wurde vom großen indischen buddhistischen Meister Atisha (982-1054 n. Chr.) ins Leben gerufen. Seine Anhänger heißen Kadampas: «Ka» bedeutet Wort und bezieht sich auf die Lehren Buddhas. «Dam» bezieht sich auf die besonderen Lamrim Unterweisungen, die als die Stufen des Pfades zur Erleuchtung bekannt sind. Aufrichtig Praktizierende des Lamrim heißen «Kadampas». Kadampa Buddhisten integrieren das Wissen aller Lehren Buddhas in ihre Lamrim Praxis. Indem sie dieses Wissen in ihrem Alltag anwenden, sind für sie alle Unterweisungen Buddhas praktische Methoden, um tägliches Handeln in den Pfad zur Erleuchtung umzuwandeln. Die großen Kadampa Lehrer sind nicht nur als große Gelehrte bekannt, sondern auch als spirituell Praktizierende von außerordentlicher Reinheit und Aufrichtigkeit.

Die Überlieferungslinie dieser Lehren, sowohl die mündliche Überlieferung als auch ihre Segnungen, wurde jeweils von Lehrer an Schüler weitergegeben. Sie verbreitete sich in weiten Teilen Asiens und gegenwärtig auch in vielen Ländern der westlichen Welt. Die Lehre Buddhas – der Dharma – wird mit einem Rad verglichen, das sich, in Übereinstimmung mit den sich verändernden Bedingungen und den karmischen Neigungen der Menschen, von einem Land zu einem anderen bewegt. Die äußere Form der Präsentation des Buddhismus mag sich je nach Kultur und Gesellschaft ändern. Die Authentizität aber wird durch die Weiterführung der ungebrochenen Überlieferungslinie von verwirklichten Praktizierenden sichergestellt.

Der angesehene buddhistische Meister, der Ehrwürdige Geshe Kelsang Gyatso, brachte als erster den Kadampa Buddhismus im Jahre 1977 in den Westen. Seit dieser Zeit arbeitete er unermüdlich dafür, den Kadampa Buddhismus in der ganzen Welt zu verbreiten. Er gab ausführliche Unterweisungen, verfasste tiefgründige Texte zum Kadampa Buddhismus und gründete die Neue Kadampa Tradition – Internationale Union des Kadampa Buddhismus (NKT-IKBU) –, die bis heute weltweit über 1.000 Kadampa Zentren und Gruppen umfasst. Jedes Zentrum bietet Studienprogramme zur buddhistischen Psychologie und Philosophie, Anleitungen zur Meditation und Retreats (Meditationen in Zurückgezogenheit) für Praktizierende aller Stufen an. Der Schwerpunkt liegt auf der Einbeziehung der Lehre Buddhas in den Alltag, damit wir unsere Probleme lösen und immerwährenden Frieden und Glück in der Welt verbreiten können.

Der Kadampa Buddhismus der NKT-IKBU ist eine vollständig unabhängige buddhistische Tradition und hat keinerlei politische Zugehörigkeit. Er ist ein Zusammenschluss von buddhistischen Zentren und Praktizierenden, die ihre Inspiration und Führung von den Vorbildern und Unterweisungen der alten Meister des Kadampa Buddhismus erhalten, so wie es von Geshe Kelsang Gyatso gelehrt wird.

Es gibt drei Gründe, warum wir die Lehre Buddhas studieren und praktizieren müssen: Wir wollen unsere Weisheit entwickeln, unser Mitgefühl verbessern und einen friedvollen Geisteszustand bewahren. Wenn wir nicht danach streben unsere Weisheit zu entwickeln, wird uns die endgültige Wahrheit – die wahre Natur der Wirklichkeit – immer verschlossen bleiben. Obwohl wir uns Glück wünschen, bringt uns unsere Unwissenheit dazu, nichttugendhaft zu handeln, was die Hauptursache all unserer Leiden ist. Wenn wir unser Mitgefühl nicht verbessern, zerstört unsere eigensüchtige Motivation die Harmonie und die guten Beziehungen zu anderen Lebewesen. Wir finden keinen Frieden und haben keine Gelegenheit reines Glück zu erlangen. Ohne inneren Frieden ist äußerer Frieden nicht möglich. Wenn wir keinen friedvollen Geisteszustand bewahren, sind wir selbst unter den besten Bedingungen nicht glücklich. Wenn andererseits unser Geist friedvoll ist, sind wir glücklich, auch wenn die äußeren Bedingungen nicht gut sind. Deshalb ist die Entwicklung dieser Eigenschaften von größter Wichtigkeit für unser tägliches Glück.

Geshe Kelsang Gyatso oder «Geshe-la», wie er liebevoll von seinen Schülern genannt wird, hat drei besondere spirituelle Programme für das systematische Studium und die Praxis des Kadampa Buddhismus entwickelt. Diese Programme sind besonders gut für den modernen Lebensstil geeignet. Es sind das Allgemeine Programm (AP), das Grundlagenprogramm (GP) und das Lehrerausbildungsprogramm (LAP).

ALLGEMEINES PROGRAMM

Das Allgemeine Programm vermittelt eine grundlegende Einführung in buddhistische Sicht, Meditation und Praxis. Es ist besonders für Anfänger geeignet, umfasst aber auch fortgeschrittene Unterweisungen und Übungen aus Sutra und Tantra.

GRUNDLAGENPROGRAMM

Das Grundlagenprogramm bietet die Möglichkeit, unser Verständnis und unsere Erfahrung des Buddhismus durch das systematische Studium von sechs Texten zu vertiefen:

1. *Freudvoller Weg des Glücks* – ein Kommentar zu Atishas Lamrim Unterweisungen, die Stufen des Pfades zur Erleuchtung.

2. *Allumfassendes Mitgefühl* – ein Kommentar zu Bodhisattva Chekhawas *Geistesschulung in sieben Punkten*.
3. *Acht Schritte zum Glück* – ein Kommentar zu Bodhisattva Langri Tangpas *Acht Verse der Geistesschulung*.
4. *Das neue Herz der Weisheit* – ein Kommentar zum *Herz Sutra*.
5. *Sinnvoll zu betrachten* – ein Kommentar zum Werk des ehrwürdigen Shantideva *Leitfaden für die Lebensweise eines Bodhisattvas*.
6. *Wie wir den Geist verstehen* – eine ausführliche Erklärung des Geistes, die auf den Werken der buddhistischen Gelehrten Dharmakirti und Dignaga beruht.

Studium und Praxis dieser Texte bringen uns vielfachen Nutzen:

(1) *Freudvoller Weg des Glücks* – Wir erlangen die Fähigkeit, alle Lehren Buddhas, sowohl Sutra als auch Tantra, in die Praxis umzusetzen. Wir machen rasch Fortschritte und vollenden die Stufen des Pfades zum höchsten Glück der Erleuchtung. Von einem praktischen Standpunkt aus betrachtet, ist Lamrim der Hauptteil der Lehre Buddhas, ähnlich einem Stamm, und die anderen Unterweisungen gleichen Zweigen.

(2) und (3) *Allumfassendes Mitgefühl* und *Acht Schritte zum Glück* – Wir erlangen die Fähigkeit, alle Unterweisungen Buddhas in unser Leben zu integrieren und alle unsere Probleme zu lösen.

(4) *Das neue Herz der Weisheit* – Wir erlangen eine Verwirklichung der endgültigen Natur der Wirklichkeit. Durch diese Verwirklichung können wir die Unwissenheit des Festhaltens am Selbst, die Wurzel all unseres Leidens, beseitigen.

(5) *Sinnvoll zu betrachten* – Wir wandeln unser tägliches Handeln in die Lebensweise eines Bodhisattvas um. Damit wird jeder Moment unseres Lebens von Bedeutung sein.

(6) *Wie wir den Geist verstehen* – Wir verstehen die Beziehung zwischen unserem Geist und den äußeren Objekten. Wenn wir verstehen, dass die Objekte von unserem subjektiven Geist abhängen, können wir die Art und Weise, wie uns Objekte erscheinen, verändern, indem wir unseren Geist verändern. Allmählich erlangen wir die Fähigkeit, unseren Geist zu bändigen und auf diese Weise alle unsere Probleme zu lösen.

LEHRERAUSBILDUNGSPROGRAMM

Das Lehrerausbildungsprogramm ist für diejenigen bestimmt, die sich zu authentischen Dharmalehrern ausbilden lassen wollen. In Ergänzung zum Studium von vierzehn Texten aus Sutra und Tantra – die oben erwähnten sechs Texte sind darin enthalten – werden an die Schülerinnen und Schüler gewisse Anforderungen bezüglich Verhalten und Lebensweise gestellt. Zudem müssen sie eine bestimmte Anzahl von Meditationsretreats machen.

Ein besonderes Lehrerausbildungsprogramm wird in einigen Kadampa Meditationszentren, die im Zentrum großer Städte angesiedelt sind, angeboten. Es umfasst ein spezielles Meditations- und Studienprogramm, das sich auf die folgenden fünf Texte konzentriert: *Moderner Buddhismus, Das neue Herz der Weisheit, Führer ins Dakiniland, Freudvoller Weg des Glücks* und *Sinnvoll zu betrachten, der Kommentar zu Shantidevas Leitfaden für die Lebensweise eines Bodhisattvas.*

Alle Zentren des Kadampa Buddhismus sind der Öffentlichkeit frei zugänglich. Jedes Jahr finden mehrere Festivals in vielen Ländern der Welt, einschließlich England, Deutschland und der Schweiz statt. Auf den zwei großen Festivals in England treffen sich Menschen aus der ganzen Welt, um besondere Unterweisungen und Ermächtigungen zu empfangen und um einen spirituellen Urlaub zu verbringen. Besuchen Sie ein Zentrum – Sie sind jederzeit willkommen!

Für weitere Informationen wenden Sie sich bitte an:

Im deutschsprachigen Raum:

Kadampa Meditationszentrum Deutschland
Mehringdamm 33 10961 Berlin-Kreuzberg
Tel.: +49 (0) 30 430 55 666
E-Mail: mail@nkt-kmc-germany.org
www.meditieren-lernen.de
www.nkt-kmc-germany.org

Kadampa Meditationszentrum Schweiz
Mirabellenstrasse 1, CH-8048 Zürich
Tel.: +41 (0) 44 461 33 88 Fax: +41 (0) 44 461 36 88
E-Mail: info@nkt-kmc-switzerland.org
www.nkt-kmc-switzerland.org
www.kadampa.ch

Kadampa Meditationszentrum Österreich
Nußdorfer Str. 4/3a, A-1090 Wien
Tel: 0043 1 911 1841
Email: zentrum@buddha.at
www.buddha.at

International:

NKT – IKBU Central Office
Conishead Priory, Ulverston
Cumbria, LA12 9QQ, England
Tel./Fax: +44 (0) 1229 588 533
E-Mail: info@kadampa.org
www.kadampa.org

Tharpa Niederlassungen weltweit

Bücher von Tharpa werden derzeit in Englisch (GB und USA), Chinesisch, Deutsch, Französisch, Italienisch, Portugiesisch und Spanisch herausgegeben. Sie können diese Bücher über jede der folgenden Tharpa Niederlassungen beziehen.

Deutschland
Tharpa Verlag
Sommerswalde 8
16727 Oberkrämer
DEUTSCHLAND
Tel: +49 (0)33055 222135
Fax: +49 (0) 33055 222139
www.tharpa.com/de
info.de@tharpa.com

Schweiz
Tharpa Verlag
Mirabellenstrasse 1
8048 Zürich
SCHWEIZ
Tel.: +41 44 401 02 20
Fax: +41 44 461 36 88
www.tharpa.com/ch
info.ch@tharpa.com

Asien
Tharpa Asia
Zhong Zheng E Rd, Sec 2,
Lane 143, Alley 10, No 7,
Tamsui District, NEW TAIPEI
CITY, 25159, TAIWAN
Tel: +886-(02)-8809-4313
Web: www.tharpa.com/hk-en/
E-mail: info.asia@tharpa.com

Australien
Tharpa Publications Australia
25 McCarthy Road
Monbulk Vic 3793
AUSTRALIEN
Tel.: +61 (3) 9752-0277
www.tharpa.com/au
info.au@tharpa.com

Brasilien
Tharpa Brasil
Rua Fradique Coutinho 701
Vila Madalena, CEP 05416-011
São Paulo – SP
BRASILIEN
Tel: +55 (11) 3812 7509
Fax: +55 (11) 3476-2329
www.tharpa.com/br
contato.br@tharpa.com

Frankreich
Éditions Tharpa
Château de Segrais
72220 Saint-Mars-d'Outillé
FRANKREICH
Tel.: +33 (0)2 43 87 71 02
Fax: +33 (0)2 76 01 34 10
www.tharpa.com/fr
info.fr@tharpa.com

Großbritannien
Tharpa Publications UK
Conishead Priory, Ulverston
Cumbria, LA12 9QQ
ENGLAND
Tel.: +44 (0)1229-588 599
Fax: +44 (0)1229-483 919
www.tharpa.com/uk
info.uk@tharpa.com

Japan
Tharpa Japan
c/o Kazuko Numata,
Amitabha Buddhist Centre,
Shimagahara 11399-35,
IGA-SHI,
Mie 519-1711, JAPAN
Tel/Fax: +81 (0)595-59-2008
www.meditationinjapan.com
info.jp@tharpa.com

Kanada
Tharpa Publications Canada
631 Crawford St.
Toronto ON M6G 3K1
KANADA
Tel.: +1 416-762-8710
Kostenfrei: 888-523-2672
Fax: +1 416-762-2267
www.tharpa.com/ca
info.ca@tharpa.com

Mexiko
Enrique Rébsamen No 406
Col. Narvate, entre Xola y
Diagonal de San Antonio
C.P. 03020, México D.F.
MEXIKO
Tel.: +01 (55) 56 39 61 86
Fax: +01 (55) 56 39 61 80
www.tharpa.com/mx/
tharpa@kadampa.org.mx

THARPA NIEDERLASSUNGEN

Spanien
Editorial Tharpa España
Camino Fuente del Perro s/n
29120 Alhaurín El Grande
(Málaga)
SPANIEN
Tel.: +34 952 596808
Fax: +34 952 490175
www.tharpa.com/es
info.es@tharpa.com

Südafrika
c/o Mahasiddha Kadampa
Buddhist Centre
2 Hollings Road, Malvern,
Durban 4093,
SÜDAFRIKA
Tel: +27 (0)31 464 0984
Fax: +27 (0)86 513 3476
www.tharpa.com/za
info.za@tharpa.com

USA
Tharpa Publications USA
47 Sweeney Road
Glen Spey NY 12737
USA
Tel.: +1 845-856-5102
Gebührenfrei: 888-741-3475
Fax: +1 845-856-2110
www.tharpa.com/us/
info.us@tharpa.com

Wie geht es weiter?

Wenn Sie dieses Buch gerne gelesen haben und mehr über buddhistisches Denken und buddhistische Praxis erfahren möchten, dann helfen Ihnen nachstehende Bücher von Geshe Kelsang Gyatso weiter. Sie sind beim Tharpa Verlag (Informationen auf S. 233) erhältlich.

VERWANDLE DEIN LEBEN
Eine glückselige Reise

Indem wir den praktischen Ratschlägen dieses Buches folgen, verwandeln wir unseren Geist und unser Leben. Wir schöpfen unser menschliches Potenzial voll aus und finden immerwährenden Frieden und dauerhaftes Glück.

> «*Wir alle wünschen uns unbegrenztes Glück und Erfüllung. Dieses Buch kann uns dabei helfen ... es bietet tiefe spirituelle Einsichten.*»
> The Napra Review

> «*Das Streben nach Glück wird hier ausführlich, sorgfältig und gründlich aufgezeigt ... lobenswert und zum Nachdenken anregend ...*».
> MidWest Book Review

FREUDVOLLER WEG DES GLÜCKS
Der vollständige buddhistische Pfad zur Erleuchtung

Eine Schritt-für-Schritt Anleitung der einundzwanzig Meditationen aus *Das neue Meditationshandbuch*, die zu grenzenlosem Frieden und Glück führen. Unterlegt mit Geschichten und Analogien, erläutert der Autor mit großer Klarheit Buddhas Lehren in einer praxisorientierten Reihenfolge. Folgen wir diesen Anweisungen, dann wird uns die Freude zuteil, auf einem klaren und strukturierten Pfad zur Erleuchtung fortzuschreiten.

«Dieses Buch hat einen unschätzbaren Wert.»
World Religions in Education